DROIT AU BUT

Marc Bergame

Surfez sur Internet

OSMAN EYROLLES MULTIMEDIA

OEM

Osman Eyrolles Multimédia

1, rue Thénard

75005 Paris

Télécopie : 01 44 41 11 85

http://www.editions-eyrolles.com

Dans la même collection :

- Utilisez votre premier ordinateur
- Achetez votre premier ordinateur
- Créez votre première page Web
- Vos premiers pas avec Word 2000
- Vos premiers pas avec Excel 2000
- Votre première page en HTML
- Votre premier programme en Java
- Votre premier programme en Visual Basic

ISBN 2-7464-0117-7

Table des matières

Chapitre 3 - Echangez du courrier avec la messagerie (e-mail) 47

Chapitre 4 - Participez aux groupes de discussion (news) . . . 66

Chapitre 5 - Les salons où l'on cause (Chat) 82

Chapitre 6 - Engrangez de la musique, des jeux, des utilitaires avec FTP 93

Chapitre 7 - Exploitez l'audio et la vidéo 103

INTRODUCTION

Vous avez souhaité vous lancer sur Internet. C'est une bonne décision pour le passage à l'an 2000. Elle va vous ouvrir des horizons extraordinaires.

Vous allez d'abord certainement surfez sur le Web. Mais ce n'est pas tout : vous allez aussi échanger du courrier électronique, participer à des groupes de discussions ou à des salons où l'on cause, procéder à des réservations et à des achats sans bouger de chez vous, télécharger des jeux, des images, des bandes son et de la vidéo, découvrir, dialoguer, vous instruire, vous distraire ou même définitivement briser votre isolement si tel est le cas.

Pour naviguer sur Internet comme un vieux loup de mer, il vous faut acquérir quelques connaissances de base.

Pourquoi vous avez besoin de ce livre

Pourquoi auriez-vous besoin de ce livre pour vous aider à surfer ? Répondez à ces quelques questions pour dresser un premier bilan :

- *Savez-vous quel est le rôle d'un fournisseur d'accès Internet ?*
- *Avez-vous une idée du montant de la ou des factures qu'il vous faudra acquitter ? Imaginez-vous comment les réduire ?*
- *Savez-ce qu'est un modem et à quoi il sert ?*
- *Savez-vous ce qu'est le Web ?*
- *Connaissez-vous la façon de rédiger une adresse Web ou un courrier électronique ?*
- *Savez-vous reconnaître un lien ?*
- *Avez-vous déjà procédé à des échanges par e-mail ?*

- *Savez-vous comment joindre un document à un message ?*
- *Vous êtes-vous déjà lancé dans des groupes ou des salons de discussion ?*
- *Savez-vous comment dialoguer via Internet en modes audio ou vidéo ?*
- *Pouvez-vous trouver le fichier, le jeu ou l'utilitaire dont vous avez besoin et le télécharger ?*

Si vous avez répondu non à l'une ou à plusieurs de ces questions, ce livre est fait pour vous !

Comment lire ce livre

Ce manuel est un livre d'apprentissage rapide, parce que vous disposez de peu de temps et que vous voulez obtenir des résultats immédiats.

Ses chapitres successifs vous enseignent l'essentiel de ce que vous devez savoir pour bien exploiter Internet. Il sera bien temps, par la suite, de compléter votre information sur tel ou tel des sujets qui vous passionnent.

Prêtez attention aux notes que nous vous signalons avec cette petite icône marginale. Il s'agit de conseils, de pièges à éviter, d'astuces ou de remarques importantes.

Parce que le navigateur Microsoft Internet Explorer est aujourd'hui le plus répandu en France, c'est sur lui que nous allons fonder nos explications. Mais rassurez-vous : vous n'aurez aucun mal à les transposer au navigateur que vous utilisez si vous faites appel à un autre, car toutes leurs fonctions de base sont communes.

Nous vous souhaitons bonne lecture et bon succès.

Chapitre 1

CE QU'IL FAUT POUR SE CONNECTER À INTERNET

Ce chapitre va d'abord vous faire découvrir ce qu'est Internet, le «réseau des réseaux», et quels sont les principaux services que vous allez pouvoir exploiter. Comme cela, vous ne vous embrouillerez plus. En tout premier lieu, vous allez apprendre à surfer sur le World Wide Web (la toile mondiale), ou Web en abrégé.

Vous disposez d'un ordinateur, mais ce n'est pas suffisant pour vous connecter à Internet. Voici comment compléter votre équipement et comment souscrire un abonnement au meilleur compte, pour grever le moins possible votre budget.

Qu'est-ce qu'Internet ?

Commençons par quelques notions simples. Vous savez que les ordinateurs se sont multipliés dans les bureaux et dans les entreprises. Pour qu'ils puissent coopérer, ils ont été connectés entre eux, constituant ce que l'on appelle des *réseaux locaux*. Ils peuvent ainsi s'échanger des informations et partager leurs ressources.

Ressource informatique

Le terme ressource, en informatique, désigne les richesses particulières affectées à un ordinateur : ses fichiers, son imprimante, etc.

Par exemple, un ordinateur situé dans le service comptabilité d'une entreprise dispose des fichiers *Clients* et *Commandes*. Le service de production veut savoir quels sont les commandes en cours : depuis son propre ordinateur, il peut consulter ce fichier, bien qu'il se trouve sur une autre machine. Les représentants en font de même et examinent le niveau des stocks pour savoir si la marchandise est livrable, et cela, depuis leur propre ordinateur ; etc.

C'est bien pourquoi tous ces ordinateurs sont connectés entre eux en *réseau local* à l'aide de câbles spéciaux.

Mais cette formule a vite été jugée insuffisante. Les militaires, les centres de recherche et les universités, en particulier, ont ainsi estimé qu'il fallait aller plus loin et, pour cela, qu'il fallait interconnecter leurs propres réseaux locaux.

Par exemple, des chercheurs scientifiques, physiquement répartis sur l'ensemble de la planète, souhaitent dialoguer en temps réel et échanger des informations sur leurs travaux : ils se connectent via leurs réseaux locaux et peuvent se transmettre toutes informations, comme s'ils étaient voisins. C'est ainsi que s'est constitué ce super-réseau qui a été appelé Internet par la suite.

Comment s'effectue une telle interconnexion de réseaux locaux ? On peut très bien imaginer que, pour cela, il faille installer un ensemble de câbles spéciaux quadrillant le vaste monde. Malheureusement, une telle installation se révélerait très onéreuse. Elle se trouvait donc hors de portée des militaires (qui estiment toujours que leurs crédits sont insuffisants), des scientifiques ou des universités (qui expriment rigoureusement la même opinion).

L'idée géniale a alors été la suivante : un tel réseau de câbles existe déjà, c'est le téléphone. Pourquoi ne pas s'en servir pour faire circuler les informations ? C'est, de loin, la formule la plus économique, puisqu'il n'y a plus rien à installer.

Elle comporte toutefois des limites techniques, mais les ingénieurs ont su vaincre les obstacles et ont adapté leurs technologies aux lignes téléphoniques spéciales qui existaient déjà. Ils ont ainsi permis la naissance du réseau des réseaux, Internet.

Aujourd'hui, Internet est devenu un véritable phénomène de société ; les échanges passent par l'ensemble des voies téléphoniques qui sillonnent la planète.

Qu'est-ce qu'un site ?

Lorsque vous vous connectez à Internet, vous vous adressez à l'un des ordinateurs reliés à ce réseau. Cet ordinateur représente un site. Ce peut être celui des 3 Suisses, du musée du Louvre, du FBI, de la librairie Eyrolles, des amateurs de jeu d'échecs, etc. Il s'agit d'un ordinateur serveur, car il vous sert ce que vous lui demandez. Notez qu'un unique ordinateur peut abriter plusieurs sites.

Ce dont vous avez besoin

Vous disposez déjà d'un ordinateur, mais pour vous connecter à Internet, vous avez aussi besoin des éléments suivants :

- Un fournisseur d'accès : c'est une société qui a loué à France Télécom la ligne téléphonique spéciale très rapide menant à Internet. Elle la partage entre ses abonnés. Vous devez donc souscrire un abonnement auprès de ce prestataire de services.

Si vous travaillez dans une entreprise

Si vous travaillez dans une entreprise disposant d'un réseau local, il est probable que ce réseau est déjà en liaison avec Internet. Dans ce cas, vous n'avez pas besoin de fournisseur d'accès. Consultez l'administrateur de votre réseau local.

- Un modem : l'ordinateur ne peut pas s'adresser directement à une ligne téléphonique, car il ne parle pas le même langage. Il doit passer par un traducteur spécial appelé *modem*. Ce mot provient de la contraction de l'expression *MODulateur-DEModulateur*.

- Un logiciel spécial qu'on appelle *explorateur* ou *navigateur*, et en anglais *browser*, ce qu'on a pu traduire par *butineur*. Il vous permet de naviguer sur Internet en vous déchargeant de tout souci technique. Il vous laisse libre de vous consacrer au plaisir du surf.

Il existe quelques grands logiciels navigateurs qui sont :

- Microsoft Internet Explorer : il est d'office installé sur votre machine avec Windows 98, ce qui a d'ailleurs valu à Microsoft un procès qui pourrait s'achever en l'an 2000.
- Netscape Communicator : son grand concurrent, qui lui est d'ailleurs très antérieur.
- Des navigateurs spécifiques : par exemple, celui utilisé par AOL.

Ces navigateurs se ressemblent étrangement

En effet, ils sont contraints de vous offrir des fonctions équivalentes. Aussi, leur mode d'emploi diffère-il peu dans ses grandes lignes. Pour une première approche, vous constaterez seulement que l'aspect de leurs icônes diffère quelque peu. Vous allez découvrir leurs écrans plus loin.

Ce que vous aurez à débourser

Surfer sur Internet n'est pas gratuit. Vous devez, bien sûr, acquérir un modem, mais en plus, il vous faudra régler mensuellement :

- L'abonnement à votre fournisseur d'accès.
- La facture de téléphone, au temps passé. La connexion à Internet applique actuellement le tarif des communications locales, donc le tarif le plus bas.

Avant de souscrire un abonnement auprès d'un fournisseur d'accès, nous vous conseillons très vivement de comparer les tarifs en tenant compte de ces divers éléments.

Comme ordre de grandeur, sachez qu'un abonnement à un fournisseur d'accès coûte environ 100 F par mois pour un temps de connexion illimité. La facture des P&T, elle, peut varier entre 50 et 1 000 F par mois, selon la durée de vos connexions à Internet (on se passionne et les heures passent vite).

Les comparaisons sont souvent difficiles, mais sachez que certains fournisseurs d'accès :

- Proposent des abonnements pour un nombre d'heures de connexion soit réduit, soit illimité. Dans le premier cas, vérifiez combien vous coûtera l'heure supplémentaire si vous dépassez le forfait.
- Offrent des abonnements gratuits. Ils espèrent accumuler des abonnés afin de pouvoir vendre, ensuite, de la publicité payante qu'ils vous dispenseront. Parfois, vous devrez consulter obligatoirement cette publicité, selon les termes de votre contrat. Cette récente formule peut séduire.
- Cumulent l'abonnement et le prix des communications téléphoniques. C'est une formule toute récente.
- Vous offrent la possibilité de connecter plusieurs personnes de votre entourage (à tour de rôle) pour le prix d'un unique abonnement. Chacune d'elles dispose de sa boîte aux lettres et d'autres avantages.
- Mettent à votre disposition un espace qui vous permet de créer votre propre site.

Les tarifs et leurs modalités évoluent de jour en jour, ce qui ne nous permet pas d'être plus précis. Sachez aussi que France Télécom, appliquant une méthode que nous jugeons détestable, car trop complexe, propose tout un éventail de forfaits dont certains permettent effectivement de faire baisser votre facture.

Prenez donc le temps d'étudier ce problème au moment qui sera le vôtre. Consultez les magazines spécialisés ainsi que vos connaissances déjà connectées.

Choisissez votre modem

L'ordinateur parle le langage binaire alors que les lignes téléphoniques fonctionnent en analogique. Pour opérer la traduction, on utilise un modem (*modulateur-démodulateur*).

Les ordinateurs récents sont généralement équipés d'origine d'un modem, mais si vous n'en possédez pas, il vous faut en acquérir un. Il existe deux types de modem :

- L'un se présente sous la forme d'une carte électronique qu'il faut insérer dans l'ordinateur. Cela exige un petit démontage accompagné de quelques précautions élémentaires. Si vous ne vous sentez pas doué pour le bricolage, appliquez la seconde formule.
- L'autre est un modem externe : c'est un petit boîtier souvent noir qui sera placé à côté de l'ordinateur. Il est un petit plus cher, mais il se connecte sans aucun démontage. Autre avantage, vous pouvez aisément le déplacer d'un ordinateur à un autre.

La principale caractéristique du modem est sa vitesse de transmission. Plus le modem est rapide et plus vous aurez du plaisir à surfer, car les images s'afficheront plus vite (en principe). Cette vitesse se mesure en nombre d'éléments d'information (binaires) transmis par seconde. Les modems actuels les plus rapides fonctionnent à la vitesse théorique de 56 kilobauds.

Si vous êtes équipé d'un modem à 28,8 ou à 33,6 kilobauds, sachez que cela fait encore parfaitement l'affaire, mais évitez toute vitesse moindre telle que 14,4 kilobauds. Sachez encore que les modems 56 kilobauds appliquent une norme internationale désignée par V.90, une mention que vous trouverez dans leurs publicités.

Monter un modem interne

Si vous devez installer un modem interne :

1. Débranchez totalement votre ordinateur.
2. Dévissez son couvercle. Il faut souvent déposer cinq vis cruciformes.
3. Touchez une bonne masse électrique pour décharger l'électricité statique dont vous êtes le porteur involontaire. Par exemple, touchez un tuyau d'alimentation en eau ou en chauffage central, là où le métal est à nu.
4. Extrayez la carte modem de sa boîte. Ne touchez jamais ses composants. Saisissez-la par ses bords, là où ne se trouvent ni contacts, ni conducteurs, par exemple par son équerre métallique.
5. Repérez l'un des connecteurs d'extension encore libre dans l'ordinateur. Déposer la languette métallique en forme de L qui protège la sortie vers l'arrière. Si possible, espacez les cartes existantes pour que l'air (qui emmène les calories) circule bien entre elles.
6. Insérez votre carte dans ce connecteur. Appuyez fermement dessus pour bien l'enfoncer.
7. Vissez la languette métallique pour bien verrouiller la carte.
8. Remontez le couvercle.
9. Remettez l'ordinateur en marche.
10. Windows 98 va détecter la présence du modem et vous proposera de l'installer. Respectez alors les indications fournies par l'écran

Connecter un modem externe

Si vous avez acquis un modem externe (figure 1.1), celui-ci vous a été livré avec (figure 1.2) :

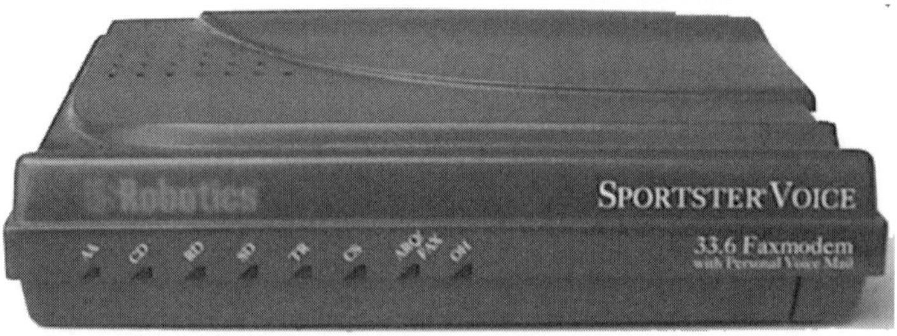

Figure 1.1. Aspect type d'un modem externe.

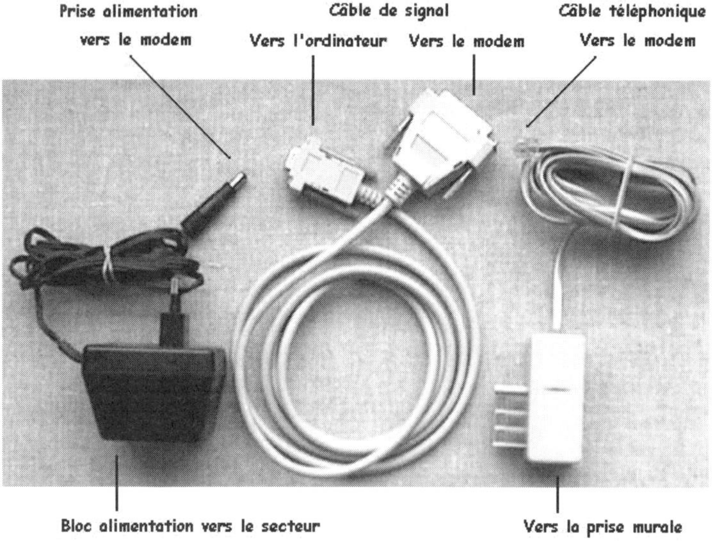

Figure 1.2. Les câbles livrés avec un modem externe.

- Un bloc d'alimentation : connectez-le à une prise de courant murale et branchez l'autre extrémité de son câble sur la prise coaxiale correspondante, généralement située à l'arrière du modem.
- Un câble pour le signal : il s'agit d'un câble dit série. Connectez-le d'un côté au modem, et de l'autre, à l'un des

ports d'accès série de l'ordinateur. Il en existe généralement deux, mais peu importe celui que vous choisissez.

- Un câble de branchement à la prise téléphonique murale.

Connectez le modem (figure 1.3) et mettez-le en marche ; comme précédemment, Windows 98 détecte sa présence et vous propose de l'installer. Suivez les indications de l'écran.

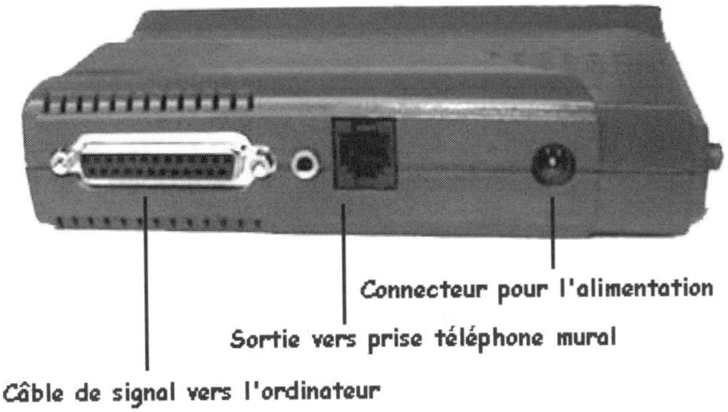

Figure 1.3. Connecteurs à l'arrière d'un modem externe type.

Arrêtez l'ordinateur pour connecter

On conseille toujours d'arrêter l'ordinateur avant d'effectuer une connexion externe ou une déconnexion. Notez que si vous utilisez un modem qui se branche sur l'un de ces nouveaux accès appelés USB (Universal Serial Bus), cette précaution est totalement inutile.

Connecter le modem à la ligne téléphonique

Qu'il soit interne ou externe, le modem doit être connecté à une ligne téléphonique. Pour cela, utilisez le câble qui vous a été fourni à cet effet. Connectez-le d'un côté au modem externe ou interne, la prise étant la même (elle est parfois marquée «Line»), et l'autre côté à la prise téléphonique murale.

Et votre téléphone habituel ?

Certains modems disposent d'une prise spéciale («Phone») sur laquelle vous pouvez brancher votre poste téléphonique habituel. C'est une bonne idée que de le faire lorsque vous ne disposez pas de deux lignes téléphoniques distinctes. Sinon, utilisez la prise téléphonique gigogne murale pour brancher aussi votre téléphone.

Abonnez-vous à un fournisseur d'accès

Il existe plusieurs méthodes permettant à la fois de souscrire un abonnement et de se connecter à Internet. La plus répandue et celle que nous préférons est la suivante :

1. Demandez à votre fournisseur d'accès son cédérom d'installation. Cela, si Windows ne vous propose pas l'équivalent : en effet, Windows dispose des logiciels nécessaires de connexion et d'abonnement à MSN, AOL, etc. ; le problème est qu'ils ne sont pas automatiquement mis à jour, raison pour laquelle nous préférons un cédérom frais. Ou bien récupérez le cédérom du fournisseur d'accès que vous avez choisi et que vous avez pu recevoir à titre publicitaire.
2. Insérez ce cédérom dans son lecteur et laissez-le démarrer.
3. Respectez les indications fournies par l'écran. Vous devrez certainement :
   - Décliner votre identité.
   - Fournir le numéro de votre carte bancaire (vous pouvez le faire en toute confiance, la liaison est généralement sécurisée).
4. Convenir d'un nom de connexion et d'un mot de passe.
5. Convenir de votre adresse de courrier électronique.

Vous serez conduit sur le site de votre fournisseur d'accès,. C'est le programme d'installation qui procédera à tous les réglages nécessaires sur votre ordinateur. Ils sont parfois retors !

Le programme d'installation devrait aussi placer son icône de connexion sur le Bureau de Windows ou dans sa Barre de lancement rapide. Dès lors, un simple clic ou un double clic dessus devrait vous connecter à Internet.

Piège

Certains programmes d'installation, mal ficelés, peuvent vous poser des questions déroutantes. Dans un tel cas, n'hésitez pas à téléphoner à votre fournisseur d'accès pour lui demander conseil. Il doit impérativement disposer d'un service d'assistance, à la fois efficace et disponible. Sinon, abandonnez-le !

Connectez-vous à Internet

Toutes les questions d'équipement et d'intendance ayant été résolues il ne vous reste plus qu'à vous connecter à Internet. Dans la majorité des cas, il suffit de cliquer sur l'icône de connexion située dans la Barre de lancement rapide (figure 1.4) ou de faire un double clic sur celle se trouvant sur le bureau.

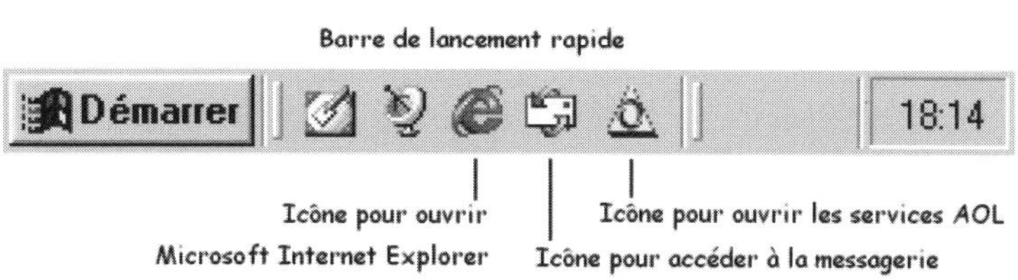

Figure 1.4. La Barre de lancement rapide. Son occupation dépend de ce que vous avez installé.

Que va-t-il se passer alors ? La série des écrans qui vont vous faire passer sur Internet dépend de votre fournisseur d'accès, de votre navigateur et de votre installation.

Connexion avec Microsoft Internet Explorer

Voici un premier mode de connexion :

1. Cliquez sur l'icône *Microsoft Internet Explorer.*
2. Le navigateur s'ouvre, mais, constatant que vous n'êtes pas connecté, il fait apparaître la boîte de dialogue de connexion. L'un de ses aspects possibles est celui de la figure 1.5.

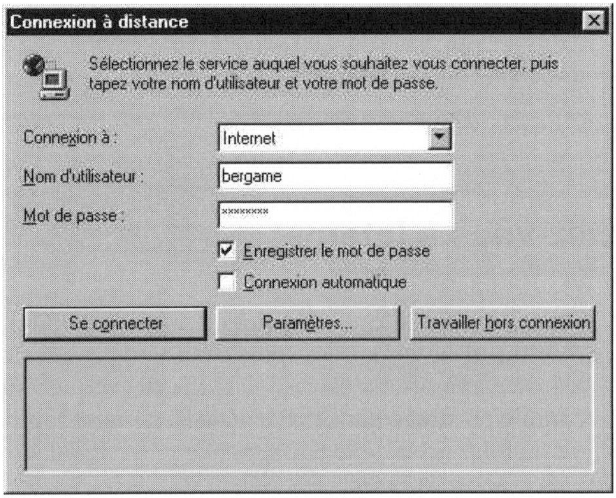

Figure 1.5. L'une des boîte de dialogue de connexion.

3. Si cette boîte de dialogue n'est pas préremplie :
   - Sélectionnez la connexion que vous souhaitez utiliser dans la liste déroulante. La plus souvent vous n'en aurez déclarée qu'une seule.
   - Tapez votre nom de connexion, celui qui vous donne accès à l'ordinateur de votre fournisseur d'accès.

- Tapez votre mot de passe. Il s'affiche sous forme d'astérisques pour assurer la confidentialité.
- Cochez la case *Enregistrer le mot de passe* si vous préférez que cette boîte de dialogue apparaisse préremplie la prochaine fois.

4. Cliquez sur le bouton *Se connecter*.

L'ordinateur se connecte au modem qui émet une sorte de chant caractéristique ; celui-ci compose le numéro d'appel de votre fournisseur d'accès.

Son ordinateur et le vôtre participent à un mini-dialogue, ce qui se traduit par l'affichage d'informations qui complètent la boîte de dialogue dans son volet du bas. Enfin, la connexion s'établit.

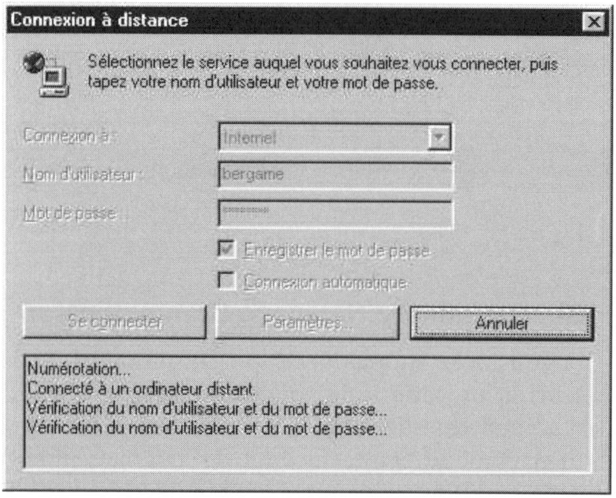

Figure 1.6. La même boîte de dialogue se complète (son volet du bas).

Si vous disposez de Microsoft Internet Explorer, l'écran de la figure 1.7 s'affiche, ou un écran similaire mis à jour.

Figure 1.7. Vous êtes connecté au site MSN de Microsoft, par défaut.

Si vous utilisez Netscape Communicator

Si vous avez adopté Netscape Communicator comme navigateur, la procédure de connexion reste la même, seul l'écran d'accueil du site auquel vous vous connectez automatiquement étant différente. En effet, il s'agit maintenant du site Netscape que nous vous montrons dans la figure 1.8 avec l'écran spécifique de cet explorateur.

Pourquoi le premier site affiché diffère-t-il ? Pour de simples raisons de publicité : chaque navigateur préfère commencer par vous emmener sur son propre site plutôt que chez celui d'un concurrent. Vous pourrez toutefois imposer le site de démarrage de votre choix par la suite.

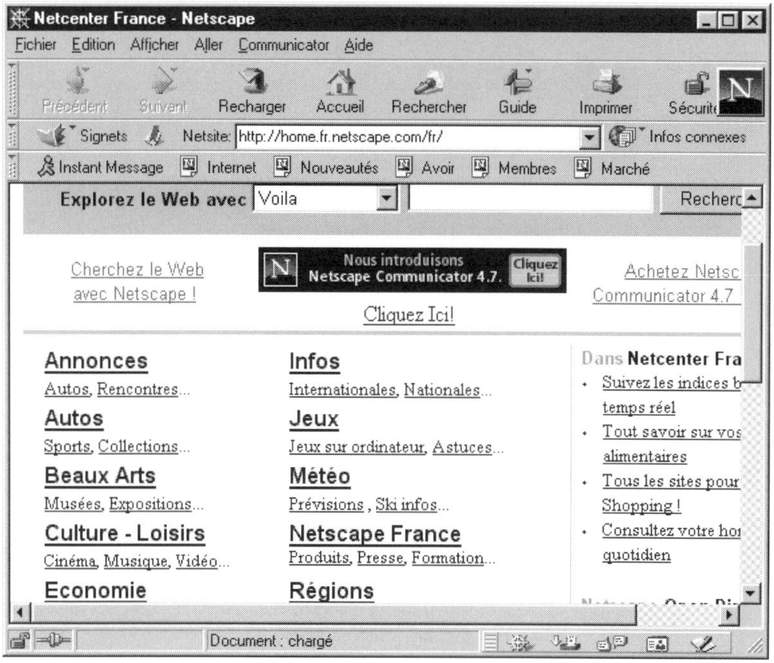

Figure 1.8. Fenêtre de Netscape Communicator avec le site de cette société qui a fait œuvre de pionnier.

Exemple de connexion via AOL

Voici un autre exemple de connexion passant, cette fois, par un abonnement à AOL :

1. Cliquez sur l'icône AOL située dans la Barre de lancement rapide (revoyez la figure 1.4).
2. La fenêtre de connexion s'affiche ; elle est vraiment très différente (figure 1.9).
3. La connexion s'établit et AOL affiche son écran type (figure 1.10). Il ne vous reste plus qu'à naviguer.

Figure 1.9. Fenêtre de connexion à AOL.

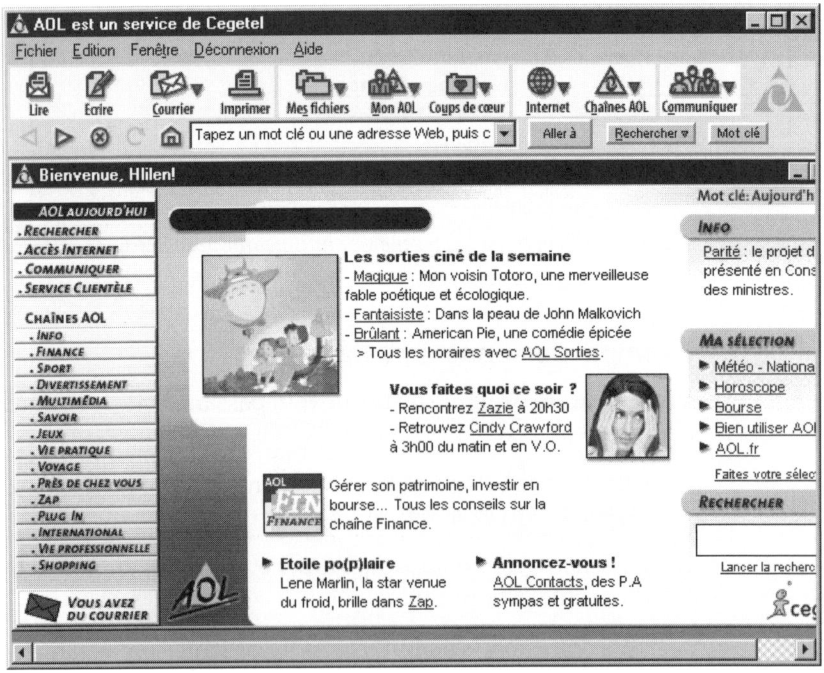

Figure 1.10. Ecran d'accueil type d'AOL version 5.0, avec sa «zapette» (la barre verticale de gauche).

Se déconnecter d'Internet

Les modes de déconnexion dépendent également du mode de connexion que vous avez adopté.

Le plus souvent, lorsque vous fermez l'explorateur, celui-ci affiche une fenêtre vous demandant si vous voulez en profiter pour vous déconnecter (figure 1.11). Cliquez sur *Se déconnecter maintenant*.

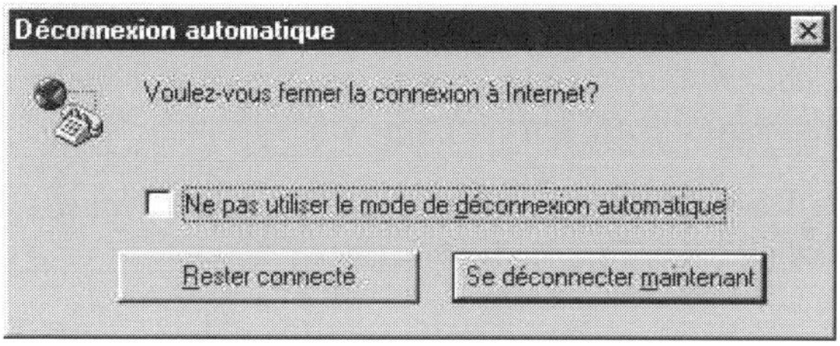

Figure 1.11. Fenêtre type de déconnexion.

Si tel n'est pas le cas, vous pouvez faire un double clic sur l'icône de connexion qui s'affiche près de l'horloge, dans la Barre des tâches de Windows. Dans la fenêtre de la figure 1.12 qui s'affiche, cliquez sur le bouton *Déconnecter*.

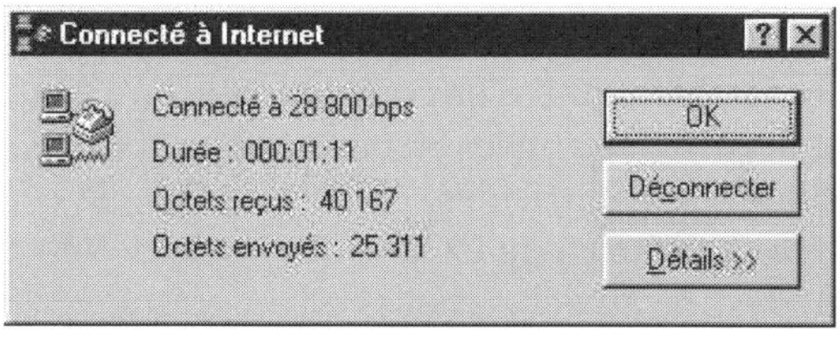

Figure 1.12. Boîte de déconnexion obtenue via un double clic sur l'icône de connexion.

Si vous passez pas un service spécialisé tel qu'AOL, le fait de quitter son site vous déconnecte automatiquement.

Chapitre 2

SURFEZ SUR LE WEB

Le Web est le service le plus spectaculaire offert par le Net (Internet). Il existe d'autres services, bien sûr, mais c'est quand même le plus fascinant.

Vous allez voyager dans le monde entier d'un clic de la souris pour explorer, vous enrichir, vous distraire, vous cultiver, procéder à des achats ou à des ventes, promouvoir votre production ou vos œuvres en créant à votre tour votre propre site, etc.

Le Web est un vaste espace de liberté sur lequel surfent les internautes, selon l'expression consacrée.

Qu'est-ce que le Web ?

Le Web est le diminutif de *World Wide Web*, ce qui se traduit par *toile mondiale*. Quoi qu'en disent certains, il n'est nullement question d'araignée là-dedans : pour parfaire votre anglais, sachez qu'araignée se dit *spider*, et toile d'araignée *spider's web* !

Le Web est l'aspect certainement le plus spectaculaire d'Internet, bien qu'il n'en constitue que l'un des services. Développé à la fin des années 80 par le laboratoire européen pour la physique des particules (CERN : *Conseil européen pour la recherche nucléaire*)) de Genève (Suisse), le Web était à l'origine plutôt destiné aux chercheurs qu'au grand public. L'utilisation commerciale du Web ne débute qu'en 1994.

Comment définir le Web ? Il s'agit d'un réseau mondial de sites reliés par des lignes téléphoniques et dont la double caractéristique est d'être à la fois *hypertexte* et *multimédia*.

Si ces expressions vous sont étrangères, lisez la suite ; vous allez bien vite en comprendre le sens.

Découvrez l'écran de l'explorateur

Vous vous êtes connecté au Web comme vous avez appris à le faire à la fin du chapitre précédent. La connexion s'établit et, simultanément, le fenêtre de l'explorateur s'affiche. Nous allons supposer qu'il s'agit de Microsoft Internet Explorer, le plus répandu lors de la rédaction de ce livre. Si tel n'était pas le cas, vous transposeriez aisément nos explications à votre propre navigateur puisqu'en fait, les mêmes fonctions de base se retrouvent quasiment à l'identique dans tous les explorateurs.

Par défaut, la première fenêtre qui s'affiche est celle du site de l'éditeur du logiciel, celle de MSN pour Microsoft (revoyez la figure 1.7). Observez surtout la structure de la fenêtre de l'explorateur, présentée figure 2.1 ; elle comprend les principales zones suivantes :

- Diverses barres : de titre (avec les même icônes que toutes les barres de titre), de menus, d'outils et d'état.
- Une barre d'adresse : vous y taperez l'adresse du site Internet sur lequel vous voulez vous rendre.
- Plusieurs icônes, dont l'icône d'activité Microsoft en haut et à droite : elle tourne lorsque l'explorateur est occupé à rechercher ou à charger une page.

Des pages éminemment changeantes

Les sites Internet naissent, vivent et évoluent ou même meurent constamment. Leur contenu ne cesse de changer, de se modifier au gré de l'actualité ou de la fantaisie de leurs promoteurs. Nous vous en présentons quelques-uns, mais nous ne pouvons vous garantir que, lorsque vous vous connecterez à votre tour, vous obtiendrez les mêmes pages. Le plus probable est même qu'elles seront totalement différentes !

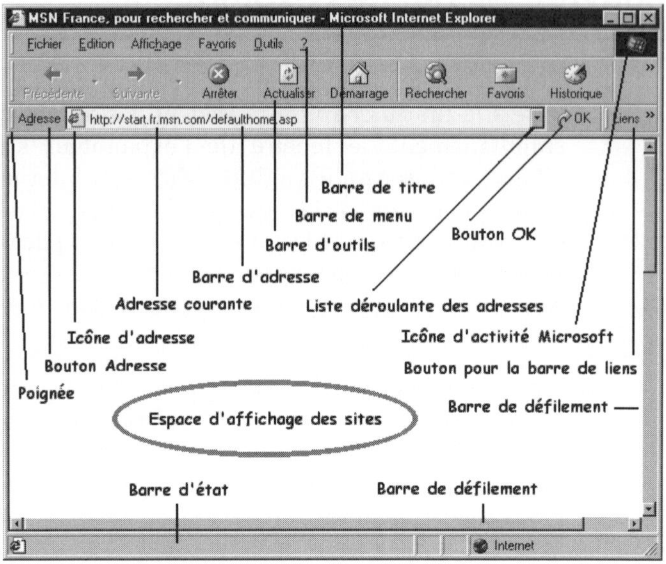

Figure 2.1. Fenêtre de l'explorateur avec le repérage de ses principales zones.

Qu'est-ce qu'une page d'accueil ?

Lorsque vous vous rendez sur un site Web, vous êtes accueilli par une page appelé *page d'accueil*. Elle est destinée, avant tout, à vous informer de façon très générale sur le site que vous entendez visiter ; elle se comporte à la fois comme la page de garde d'un livre, avec son ou ses noms et titres, et comme une mini-table de matières.

Sa fonction paraît évidente : sans une telle page, vous risqueriez d'être perdu, de ne pas savoir où vous vous trouvez ni comment vous orienter.

Pour le site, c'est à partir de sa page d'accueil qu'il dirigera ses visiteurs, vous allez comprendre comment avec l'exercice que nous allons vous proposer.

Lorsque vous ouvrez l'explorateur, c'est la page d'accueil de MSN, créée par Microsoft, qui apparaît par défaut. Si cette page vous agace, vous allez apprendre comment en changer.

D'autre part, il faut que vous sachiez qu'un site se compose généralement de plusieurs pages. En effet, tout vouloir dire dans une seule page ne serait souvent pas réaliste ni agréable. Aussi les informations sont-elles distribuées sur plusieurs pages qui s'enchaînent plus ou moins harmonieusement. C'est la page d'accueil qui vous permet d'y accéder, vous apprendrez comment dans la section suivante.

Visitez un site en cliquant sur un lien

Voici, maintenant, la grande expérience qu'il faut faire pour vous familiariser avec le Web :

1. Assurez-vous que vous êtes bien connecté à votre fournisseur d'accès.

2. Faites démarrer l'explorateur, de façon à afficher sa page d'accueil. Si ce n'est pas la même que celle que nous vous avons montrée, peu importe, à la condition que vous vous débrouilliez pour adapter cette expérience à la fenêtre que vous affichez.

3. Promenez la souris sur l'image en observant comment son curseur se comporte. Par défaut, c'est une flèche, mais sur certains points de l'écran, il se transforme en une main, index pointé verticalement, comme ci-contre.

4. Par exemple, pointez *Jouer avec l'an 2000* (figure 2.2). La zone pointée s'appelle un *lien* ou encore un *hyperlien,* vous allez comprendre pourquoi.

5. Cliquez sur ce lien alors que le pointeur de la souris a l'aspect d'une main.

6. Que se passe-t-il ? Eh bien, vous changez de page et vous êtes propulsé sur celle traitant des jeux avec l'an 2000

(figure 2.3) ! Selon les circonstances, cela se passera dans le même site et dans une autre page ou dans un site différent.

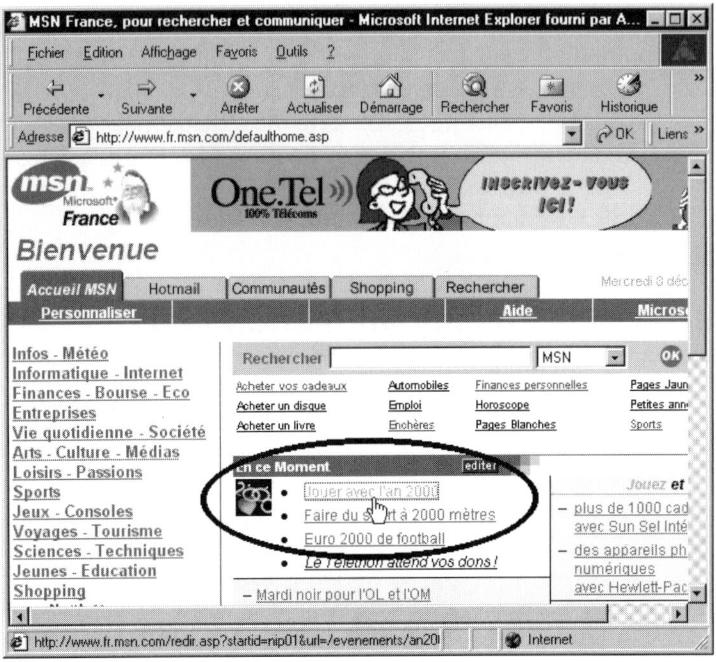

Figure 2.2. Lorsqu'un lien est pointé par la souris, le pointeur devient une main. La barre d'état indique simultanément son adresse.

7. Prenez connaissance du contenu de cette fenêtre. Vous pouvez cliquer sur un autre lien pour poursuivre votre exploration et continuer ainsi à volonté.

Moralité

En cliquant sur des liens successifs, vous passez d'un site à l'autre ou encore d'une page à une autre dans un même site. Vous pouvez ainsi surfer dans le monde entier, sans même avoir à vous préoccuper de l'endroit où vous vous trouvez.

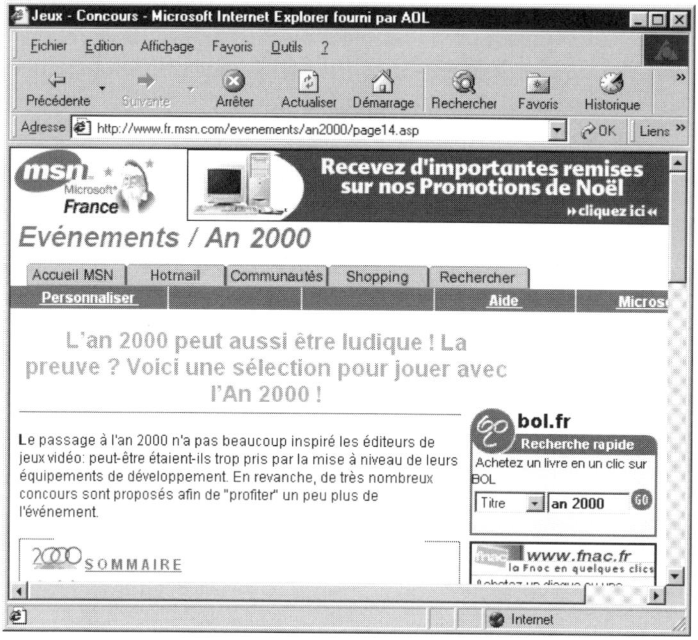

Figure 2.3. La page d'information sur la Coupe Davis.

Le fil d'Ariane

Poursuivez cette expérience : observez la barre d'outils qui apparaît en haut de la figure 2.3. La flèche marquée *Précédente* est active, alors que celle notée *Suivante* est estompée (figure 2.4). Pourquoi cela ?

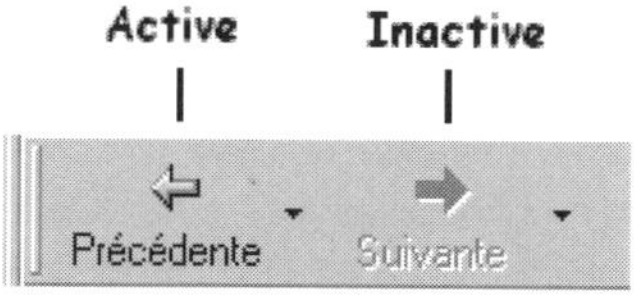

Figure 2.4. Les flèches de navigation en gros-plan.

Pour le comprendre :

1. Cliquez sur la flèche *Précédente* et observez ce qui se passe : l'image courante affichée, celle de la figure 2.3, disparaît ; elle est remplacée par la page précédente que vous aviez affichée, celle de la figure 2.2.

2. Dans cette figure, examinez l'aspect des flèches (figure 2.5) :

   - *Précédente* est devenue inactive, car il n'existe plus de page précédente *dans cette fenêtre.*

   - *Suivante* est active, car il existe maintenant une page suivante.

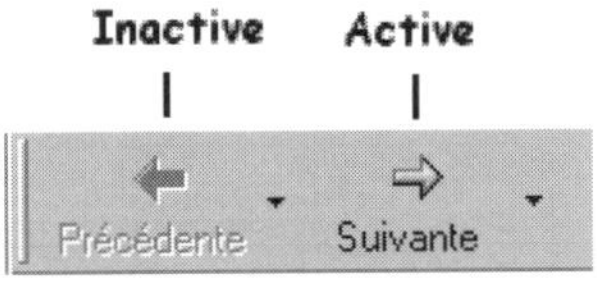

Figure 2.5. La nouvelle situation des flèches de circulation.

3. Cliquez sur *Suivante* : la page qui suit celle qui est affichée apparaît, celle de la figure 2.3.

Fonctions Précédente et Suivante

La fonction des flèches Précédente et Suivante doit maintenant vous paraître évidente : la première sert à remonter dans le temps, la seconde à redescendre le temps.

Vous pouvez ainsi revenir à tout moment sur l'une des pages que vous avez affichées au cours de la même séance de travail (la mémoire des sites n'est pas conservée, ici, d'une séance à l'autre).

Il est intéressant de pousser cette expérience : la page de la figure 2.3 étant affichée, cliquez, cette fois, non plus sur la flèche *Précédente*, mais sur la flèche de sa liste déroulante. Un encadré apparaît, indiquant quelle est la page précédente que vous pouvez réafficher (figure 2.6).

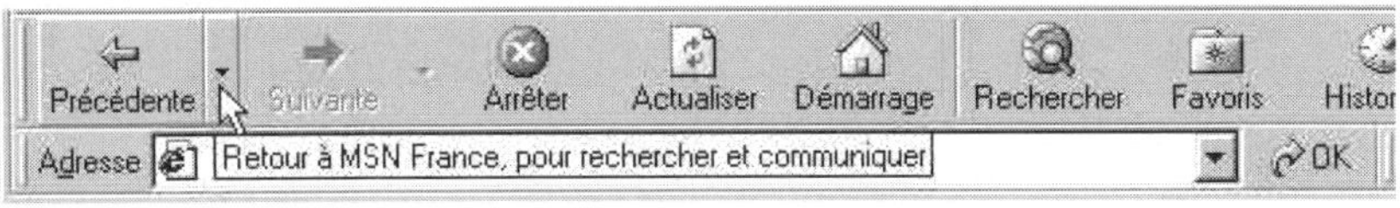

Figure 2.6. La page précédente que vous pouvez afficher.

Vous pouvez cliquez sur cette ligne pour revenir à la page précédente de la figure 2.2. Cette dernière étant affichée, si vous en faites autant et cliquez sur la flèche de liste déroulante de *Suivante*, la page suivante affichable est listée.

Si vous êtes passé par de nombreux sites, la liste déroulante listerait les 9 derniers, au maximum.

Afficher une bulle

Voulez-vous mieux ? Pointez un instant Précédente ou Suivante, sans même cliquer : une bulle apparaît pour vous indiquer sur quelle page vous pouvez retourner.

2.1. Les types de liens

Un lien représente ainsi l'adresse d'un site, son URL. Cette adresse peut d'ailleurs être affichée en clair ou cachée derrière un texte ou une image. Notez qu'on parle aussi d'*hyperliens*, ce qui est la même chose. C'est ce mode de navigation qu'on désigne par *hypertexte*.

Vous trouvez des liens dans d'innombrables écrans, encore faut-il les reconnaître comme tels :

- Sur un lien, le pointeur de la souris se transforme en une main, avec l'index dressé verticalement.

- Lorsque vous pointez un lien, la barre d'état indique l'adresse où il mène.
- Parfois, une bulle accompagne le pointeur de la souris.
- Un lien représenté par du texte est un texte généralement écrit en bleu et souligné.
- Une image peut servir de lien. En mode de base, la totalité de l'image représente un unique lien.
- Certaines images peuvent être virtuellement découpées en zones distinctes, chaque zone représentant un lien différent. Imaginez une carte de France divisée en département, chaque département pourrait être un lien menant sur son propre site. Souvent, la division en zones n'est pas apparente.

Il suffit de cliquer sur l'un de ces liens pour visiter son site.

Comment spécifier une adresse ?

Pour surfer sur le Web, il existe une autre méthode que le clic sur des liens. Elle est toute bête : vous confiez à l'explorateur l'adresse du site que vous voulez visiter.

Chaque ordinateur sur le Net dispose d'une adresse du style :

`http://www.ign.fr`

On parle aussi d'URL (*Uniform Resource Locator*). Dans une telle adresse :

- *http://* spécifie le protocole que le réseau utilise, celui qui dessert le Web. Les lettres http proviennent de l'expression *HyperText Transfert Protocol*, le protocole servant à dialoguer sur le Web. C'est l'explorateur qui se charge de le mettre en action.
- *www*, des lettres qui signifient *World Wide Web* (la toile mondiale). Elles peuvent parfois être remplacées par un nom d'ordinateur.

- *ign* est la marque du site, ici l'Institut géographique national. Vous lirez à la place, selon les sites, *peugeot*, *lemonde* (le journal Le Monde), *meteo*, etc.
- *fr* est une marque finale situant le site soit par pays (*fr* pour la France, *be* pour la Belgique, etc.), soit par catégorie (*com* pour un site commercial, *gov* ou *gouv* pour un site gouvernementale, etc.).

Ecrivez en minuscules

Toutes ces adresses doivent être introduite en minuscules. Dans leurs compléments, vous trouverez parfois des mélanges minuscules-majuscules qu'il faut impérativement respecter.

Une fois que vous savez à quelle adresse vous désirez vous rendre, vous disposez de deux méthodes principales pour en informer votre explorateur : vous la tapez dans la barre d'adresse ou vous ouvrez une boîte de dialogue spécifique.

Taper l'URL dans la barre d'adresse

Pour taper une adresse (une URL) dans la barre d'adresse :

1. Cliquer sur l'adresse présente dans la barre d'adresse, quelle qu'elle soit. Elle apparaît sélectionné (figure 2.7).

Figure 2.7. L'adresse courante est sélectionnée.

2. Tapez la nouvelle adresse, ou plutôt, commencez à taper ses premiers caractères. Vous remarquerez immédiatement que cette barre se comporte de façon inhabituelle : dès que vous tapez quelques caractères, une liste apparaît. Elle fournit les adresses des pages ou des sites commençant par ces mêmes caractères. L'explorateur a, en effet,

mémorisé les sites que vous avez déjà visités et il vous les repropose, à tout hasard(figure 2.8) :

- Si vous n'avez encore rendu visite à aucun site, la liste est vide.
- S'il n'existe aucun site commençant par ces caractères, il n'en sera pas listé non plus, l'explorateur étant intelligent mais pas fakir. Dans ce cas, la liste ne fait que reprendre les caractères tapés.
- Tapez davantage de caractères pour réduire la liste, si besoin est.
- Si le site voulu apparaît (pour autant qu'il existe), cliquez dessus pour l'introduire sur la ligne de texte.
- S'il n'existe pas, tapez totalement l'adresse.

Saisie semi-automatique

Ce mode de saisie d'une adresse est appelé saisie semi-automatique par Microsoft. Elle se manifeste encore de multiples autres façons.

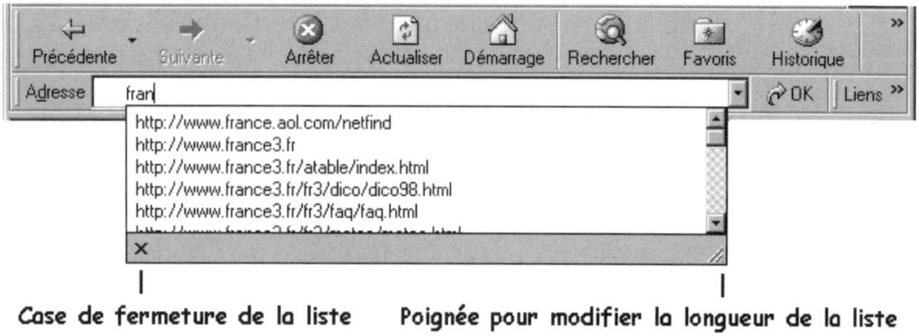

Figure 2.8. On a tapé Fra *et la liste des pages déjà visitées commençant par ces lettres apparaît.*

Notez, de plus, que :

- La case avec une croix (**X**) sert à fermer cette liste.
- Vous en modifiez la hauteur en tirant sa poignée inférieure droite.

L'adresse tapée ou sélectionnée, lancez la connexion au site :

- Appuyez sur la touche *Entrée*.
- Ou bien cliquez sur l'icône *OK*, dont l'aspect est rappelé ci-contre.

L'icône d'activité (dont l'aspect est rappelé ci-contre) se met en mouvement et la barre d'état annonce successivement que le programme recherche le site, qu'il l'a trouvé, puis que le chargement est en cours. A l'issue de ce processus, le site s'affiche à l'écran, la barre d'état indique *Terminé* et l'icône d'activité revient au repos.

Vous pouvez aussi lister la collection des adresses enregistrées par l'explorateur en cliquant sur la flèche de la barre d'adresse. Dans ce cas, il n'est même plus utile de taper des caractères : si cette adresse se trouve dans cette liste, cliquez dessus pour la sélectionner et la reporter dans la barre.

Taper l'adresse dans la boîte de dialogue

La deuxième méthode de base pour entrer une adresse consiste à ouvrir une boîte de dialogue spéciale destinée à cette opération ; c'est simplement un petit peu plus long :

1. L'explorateur étant ouvert, vous pouvez, au choix :
    - Appuyer sur la combinaison *Ctrl* + *O* (la lettre *o* et non le chiffre zéro).
    - Cliquer sur le menu *Fichier*, puis sur sa commande *Ouvrir*.
2. La boîte de dialogue apparaît (figure 2.9).

3. Tapez l'adresse : vous remarquerez que le mode d'emploi de cette fenêtre est semblable à celui de la barre d'adresse : dès que vous tapez un caractère, une liste s'affiche avec les adresses des pages, des sites ou même, éventuellement, des fichiers commençant par ce caractère. Tapez-en d'autres pour affiner la recherche. Lorsque le site voulu apparaît (pour autant qu'il existe), cliquez dessus pour l'introduire sur la ligne de texte. S'il n'existe pas, tapez totalement l'adresse.
4. Cliquez sur le bouton *OK*.

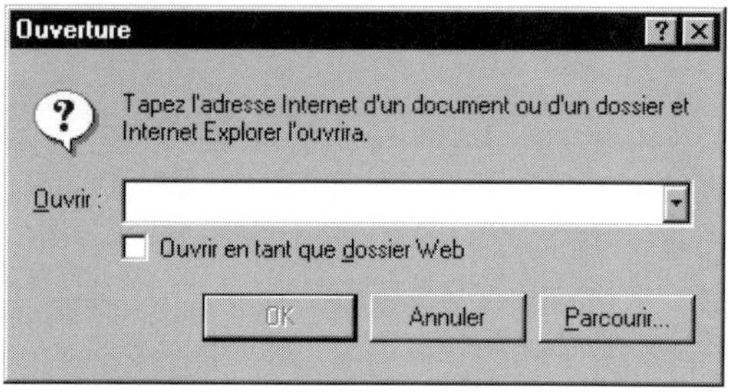

Figure 2.9. Boîte de dialogue pour entrer une adresse.

Enregistrez vos sites favoris

Certains sites ou certaines pages vous paraissent plus importants que d'autres ; vous souhaiterez les consulter de nouveau, de temps à autre ou régulièrement, selon vos besoins.

Devez-vous noter leurs adresses sur un calepin ou sur une feuille volante ? Il y a bien plus simple ! Enregistrez ces pages ou ces sites dans une liste spéciale appelée liste des *sites favoris*. Vous les retrouverez aisément et, d'un simple clic, vous retournerez visiter les pages ainsi enregistrées.

Notez que nous allons indifféremment traiter de sites ou de pages, mais en réalité, c'est la page affichée d'un site donné qui est prise en compte dans toutes les manipulations qui suivent.

Enregistrer un site dans les favoris avec le menu

Pour enregistrer un site dans la liste des favoris via le menu :

1. Affichez le site que vous voulez enregistrer. Une fois ce site affiché, vous n'avez plus besoin d'être connecté.

2. A ce moment, et au choix :

   - Faites un clic droit sur une zone libre de l'écran du site (surtout, en dehors d'une image ou d'un lien, faute de quoi le résultat vous surprendrait). Son menu contextuel, apparaît ; cliquez sur la commande *Ajouter aux Favoris*.

   - Ou bien cliquez sur le menu *Favoris*, puis sur sa commande *Ajouter aux Favoris*.

3. La boîte de dialogue de la figure 2.10 s'affiche.

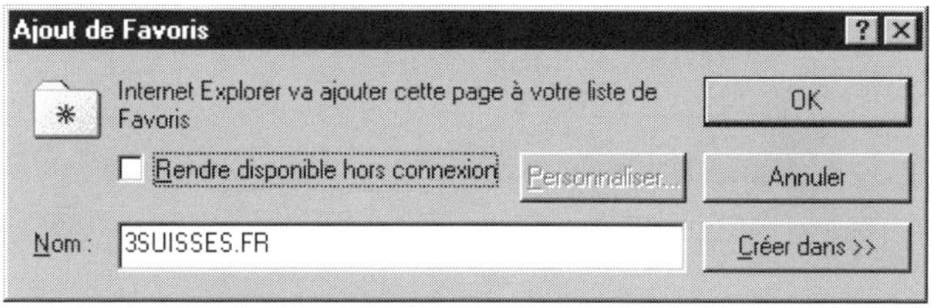

Figure 2.10. Boîte de dialogue d'enregistrement dans la liste Favoris.

4. Sur la ligne *Nom*, vous pouvez conserver le nom proposé, celui qui figurera dans la liste des favoris, ou en taper un autre qui vous paraît plus significatif, plus clair ou plus bref, par exemple, ici, *3 Suisses*, ce qui est bien suffisant. Vous avez le droit d'introduire des espaces.

5. Cliquez sur *OK*. Le site est ajouté à la liste des favoris dans le dossier sélectionné.

Afficher la liste des sites favoris

Les sites favoris sont enregistrés dans une liste que vous pouvez faire apparaître de deux façons différentes :

- Cliquez sur l'icône *Favoris*, située dans la barre d'outils. Son aspect est indiqué ci-contre. Un volet des sites favoris s'affiche sur la gauche de l'écran et le bouton *Favoris* reste enfoncé.
- Cliquez sur le menu *Favoris* : la même liste apparaît, mais à partir du menu, cette fois. Elle se referme automatiquement après usage.

Enregistrer un site en tirant l'icône d'adresse

Une méthode plus expéditive pour enregistrer un site dans la liste des favoris est la suivante :

1. Affichez la page à enregistrer.
2. Cliquez sur l'icône *Favoris* pour afficher son volet.
3. Tirez l'icône d'adresse de la page, celle située à gauche sur la barre d'adresse, sur la liste des favoris en maintenant le bouton de la souris enfoncé.
4. Une barre horizontale grasse marque son futur emplacement. Lorsque celui-ci vous convient, relâchez le bouton de la souris.

Cherchez des sites intéressants

Le Web constitue une véritable galaxie. Les sites se sont multipliés à une vitesse telle qu'il est quasiment impossible de les dénombrer avec précision. Il en naît sans cesse, mais certains disparaissent aussi. Une vie entière ne permettrait pas de leur rendre visite à tous.

Aussi, lorsque vous recherchez des informations sur le Net, vous ne pouvez pas vous fier à la chance ni au hasard, bien que cela fonctionne parfois. Il en est bien qui gagnent au Loto. Non, mieux vaut effectuer des recherches méthodiques en s'appuyant sur des *moteurs de recherche*, des sites spécialement conçus pour ce type d'opération :

1. Dans la barre d'outils, cliquez sur l'icône *Rechercher*. Son aspect est indiqué ci-contre.
2. Le volet de recherche s'installe sur la gauche de l'écran.
3. Dans la zone *Rechercher une page Web contenant*, tapez ce que vous cherchez : enfants, dinosaures, sncf, louvres, etc.
4. Cliquez sur le bouton *Rechercher*.

Après quelques instants, le moteur de recherche actif affiche la liste des sites qui contiennent le ou les mots que vous recherchez. Il s'agit d'autant de liens. Cliquez sur l'un d'eux pour vous rendre sur son site.

Recherches savantes

Vous pouvez procéder à des recherches plus savantes. Par exemple, pour trouver à l'identique une expression complète sur plusieurs mots, écrivez-la entre guillemets. Vous pouvez aussi exploiter les fonctions logiques OU pour trouver les sites contenant l'un ou l'autre des mots clés que vous avez tapés, ou ET pour qu'ils y figurent tous.

Si la recherche n'aboutit pas avec le moteur par défaut, cliquez sur la flèche de l'icône *Suivante* et sélectionnez un autre moteur de recherche.

Vous pouvez aussi vous rendre directement sur le site d'un moteur de recherche pour l'interroger, sans passer par le volet de recherche. Voici quelques-uns des plus connus :

AltaVista (Digital Equipment, repris par Compaq) :

`http://www.altavista.com/`

Excite (Excite Inc.) :

http://search.excite.com/

Infoseek (Infoseek Corp.) :

http://guide-p.infoseek.com/

Lokace :

http://lokace.iplus.com/

LookSmart (LookSmart Ltd) :

http://www.looksmart.com/

Lycos (Lycos Inc.) :

http://www.lycos.com/

Magellan :

http://www.mckinley.com/

Nomade :

http://rechercher.nomade.fr/

Voila :

http://www.voila.fr/

Search.com (CNET Inc.) :

http://www.search.com/

WebCrawler (Excite Inc.) :

http://www.webcrawler.com/

Yahoo! (Yahoo! Inc) :

http://www.yahoo.com/

Yahoo! France :

http://www.yahoo.fr/

Changez de page d'accueil

Après avoir bien surfé, vous voudrez probablement ouvrir l'explorateur sur une page d'accueil autre que celle qui apparaît par défaut. En effet, lorsque vous lancez l'explorateur, la première page qui s'affiche est l'une de celles que Microsoft à choisie, souvent l'une des deux suivantes :

`http://www.fr.msn.com/defaulthome.asp`

`http://home.microsoft.com/intl/fr/`

Ces pages sont, certes, intéressantes, mais vos besoins ou vos goûts personnels peuvent vous pousser à en préférer une toute autre. Pour changer de page d'accueil :

1. Ouvrez l'explorateur et connectez-vous.
2. Affichez la page dont vous voulez faire votre page d'accueil à l'ouverture de l'explorateur
3. Cliquez sur le menu *Outils*, puis sur sa commande *Options Internet*.
4. La fenêtre des options s'affiche ; cliquez sur son onglet *Général* s'il n'est pas affiché par défaut (figure 2.11).
5. Cliquez sur le bouton *Page en cours*. L'adresse de la page courante remplace celle qui se trouvait dans le cadre de texte situé au-dessus.
6. Cliquez sur le bouton *OK*.

Revenir au site affiché par défaut

Si vous avez changé de site d'ouverture, comme ci-dessus, vous pouvez revenir à la page par défaut proposée par Microsoft :

1. Ouvrez l'explorateur.
2. Cliquez sur le menu *Outils*, puis sur sa commande *Options Internet*.

3. La fenêtre des options s'affiche ; cliquez sur son onglet *Général* s'il n'est pas affiché par défaut (revoyez la figure 2.11).

4. Cliquez sur le bouton *Page par défaut*. L'adresse de la page par défaut remplace celle qui se trouvait dans le cadre de texte situé au-dessus.

5. Cliquez sur le bouton *OK*.

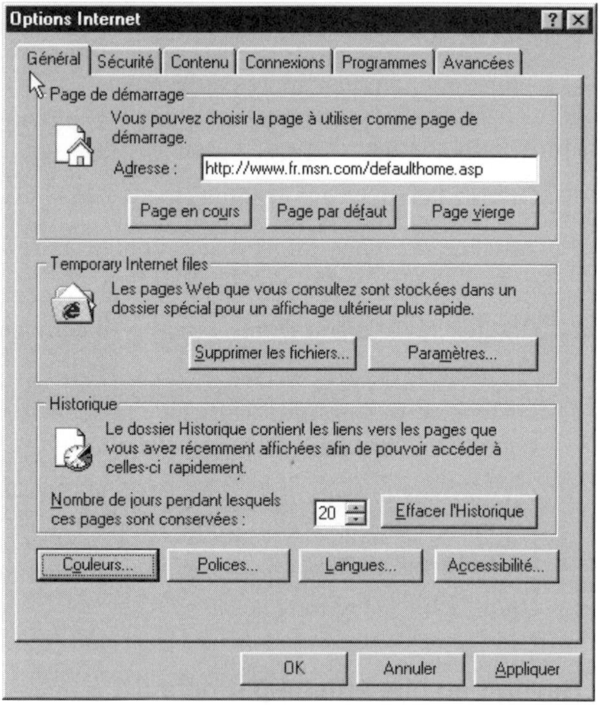

Figure 2.11. Boîte de dialogue pour changer de page d'accueil.

Supprimer la page d'accueil pour gagner du temps

Si vous voulez gagner du temps et vous trouver plus rapidement à pied d'œuvre, supprimez purement et simplement la page d'ouverture de l'explorateur. Dans ce cas, il s'ouvrira sur une page blanche.

Pour cela :

1. Ouvrez l'explorateur.
2. Cliquez sur le menu *Outils*, puis sur sa commande *Options Internet*.
3. La fenêtre des options s'affiche ; cliquez sur son onglet *Général* s'il n'est pas affiché par défaut (revoyez la figure 2.11).
4. Cliquez sur le bouton *Page vierge*. L'adresse *about:blank* remplace celle qui se trouvait dans le cadre de texte situé au-dessus.
5. Cliquez sur le bouton *OK*.

Vous gagnerez bien quelques instants !

Consultez l'historique de vos visites

L'explorateur entretient une véritable liste historique de vos visites sur le Net. L'intérêt réside dans le fait que vous pourrez y piocher pour retrouver un site donné.

Pour afficher cet historique, le plus simple consiste à cliquer sur l'icône *Historique*, située dans la barre d'outils. Il apparaît dans un volet spécial, sur la gauche de la fenêtre (figure 2.12).

Dans cet historique :

- Chaque site figure comme un dossier, ce que confirme la bulle qui apparaît après un instant lorsque vous en pointez un.
- Si vous cliquez sur un site, les pages que vous y avez visitées sont listées. Cette fois, la différence entre pages et sites est évidente.
- Cliquez sur une page pour l'ouvrir.
- Recliquez sur le dossier pour le refermer.

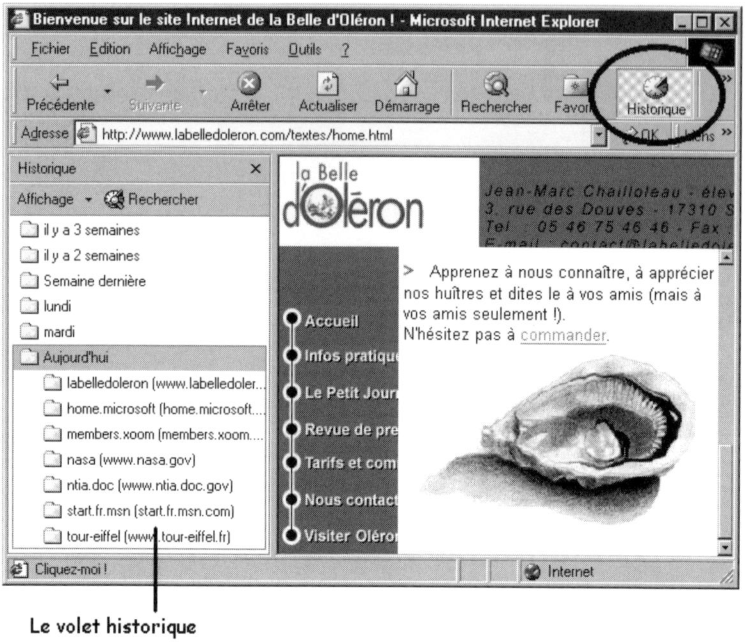

Figure 2.12. Le volet historique. L'icône Historique, *ici cerclée, apparaît enfoncée tant que son volet est affiché. Recliquez sur cette icône pour refermer le volet.*

Pour refermer ce volet, au choix :

- Recliquez sur l'icône *Historique*.
- Cliquez sur la case de fermeture du volet, marquée par un **X** situé dans son angle supérieur droit.

Chapitre 3

ECHANGEZ DU COURRIER AVEC LA MESSAGERIE (E-MAIL)

L'un des autres grands services d'Internet est la messagerie électronique. Elle permet d'échanger du courrier avec une facilité et une rapidité sans égales. Avec, aussi, une très grande économie. En effet, votre correspondance voyage aussi vite qu'une télécopie et cela ne vous coûte quasiment rien.

Ce service est appelé messagerie électronique, *et en anglais,* electronic mail, *simplifié en* e-mail *(prononcez* imêle*) ou en* mail *tout court. Il suppose que votre fournisseur d'accès Internet vous à attribué une adresse électronique personnelle, ce qui est toujours le cas.*

Expérimentez ce service pour correspondre avec vos relations, votre famille ou vous amis, quand bien même ils se trouveraient à l'autre bout du monde. C'est sensationnel !

Votre adresse de messagerie

Vérifiez que vous disposez bien d'une adresse électronique. Sa forme est toujours la même : d'abord apparaît le nom que vous vous êtes choisi en accord avec votre fournisseur d'accès (il ne doit pas utiliser deux noms identiques !), puis vient le symbole @, et enfin l'adresse de l'ordinateur qui transmet vos messages et qui se trouve chez votre fournisseur d'accès.

Par exemple, une adresse complète pourrait être :

`raouldupont@mondial.com`

Le nom de l'utilisateur est ici *Raoul Dupont* et l'adresse de l'ordinateur gérant le courrier est *Mondial.com*. Pour obtenir le symbole @, appuyez sur *Alt Gr + 0*.

Mettez la messagerie en service

Pour ouvrir la messagerie, appliquez la méthode préconisée par votre navigateur ou par votre fournisseur d'accès. Avec Windows 98 et Microsoft Internet Explorer, cliquez simplement sur l'icône du programme qui la gère, Microsoft Outlook Express. Elle se trouve dans la *Barre de lancement rapide* (figure 3.1) et a la forme d'une enveloppe.

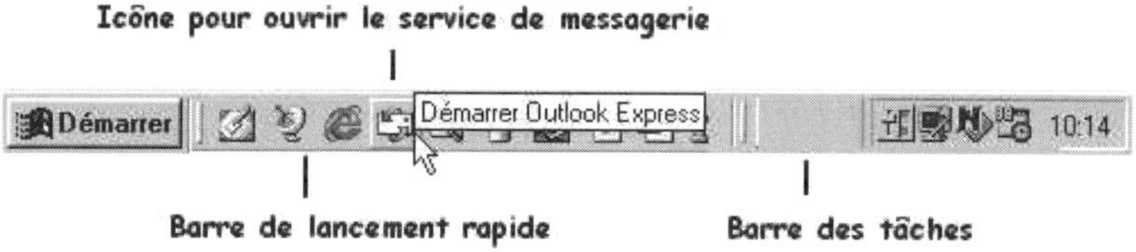

Figure 3.1. Icône pour mettre la messagerie en service.

Le programme Outlook Express s'ouvre et, s'il constate que vous n'êtes pas connecté à Internet, affiche du même coup la fenêtre de connexion. Vous avez découvert l'un de ses aspects possibles dans la figure 1.5, page 20.

Remplissez-la si votre nom et votre mot de passe n'ont pas été mémorisés par l'ordinateur, puis cliquez sur le bouton *Se connecter* ou sur un bouton équivalent. Patientez quelques instants afin que cette connexion s'établisse.

La fenêtre d'Outlook Express apparaît alors ; si besoin est, cliquez dessus pour la dégager. Dans sa colonne de gauche intitulée *Dossiers*, cliquez sur *Boîte de réception*. Si vous avez déjà échangé de la correspondance (ce qui est notre cas), cette *Boîte de réception* liste, en haut et à droite, les titres des messages reçus et, en dessous, le contenu du message sélectionné (figure 3.2).

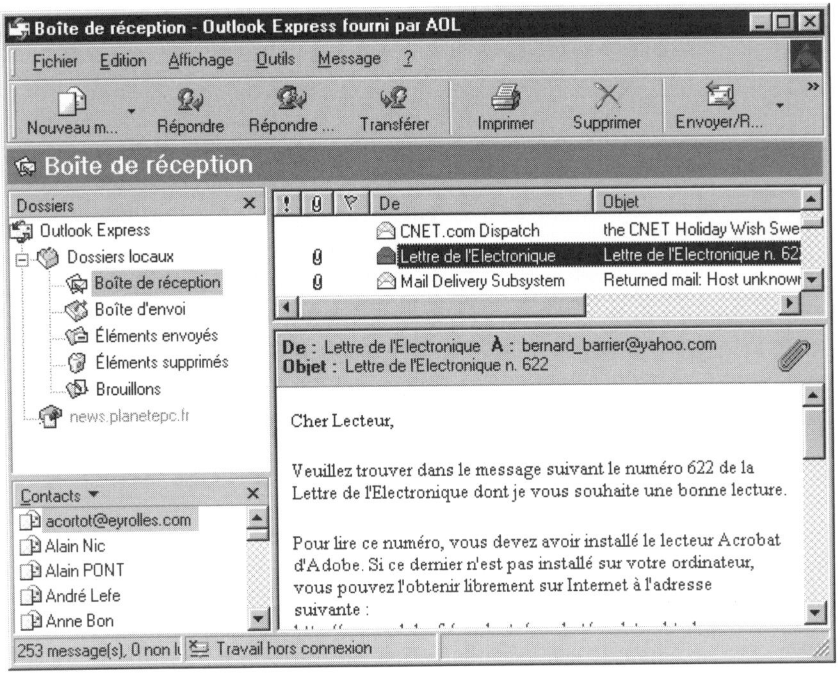

Figure 3.2. Fenêtre de la Boîte de réception.

3.1. Composez et envoyez un message

Pour envoyer un message, rien de plus simple : cliquez sur l'icône *Nouveau message*. La fenêtre *Nouveau message* s'affiche (figure 3.3). Son contenu spécifique est le suivant, ligne par ligne :

- *A* : cliquez sur la zone de texte et tapez l'adresse de messagerie de votre correspondant, par exemple :

  `raouldupont@mondial.com`

- *Cc* : cliquez sur cette zone de texte et tapez les adresses de messagerie des autres destinataires à qui vous envoyez une copie du message.

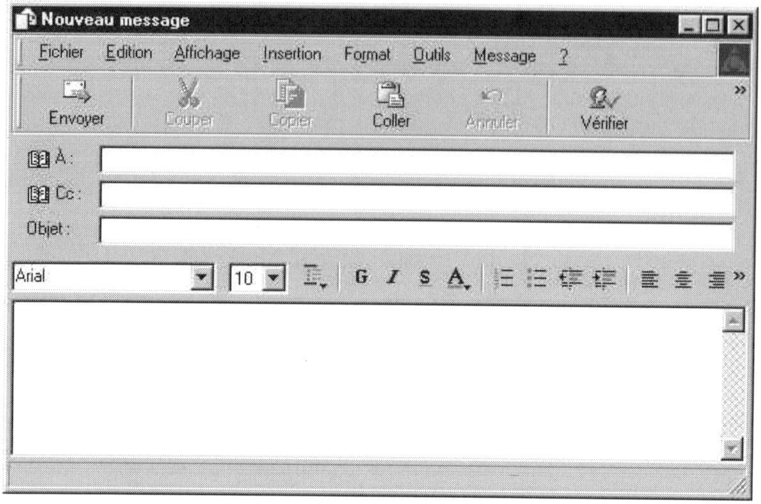

Figure 3.3. Fenêtre de composition d'un message.

- *Objet* : cliquez sur cette zone et tapez le thème de votre missive. C'est lui qui apparaîtra en tant que titre dans la liste des messages reçus. En attendant, il devient aussitôt le titre de la fenêtre.
- Cliquez ensuite dans le volet inférieur de texte et tapez le texte de votre message.

Ecrivez-vous à vous-même

Si vous n'avez aucune expérience de la messagerie électronique, la meilleure des expériences consiste à s'envoyer un message à soi-même. Tapez votre propre adresse de messagerie sur la ligne A: et remplissez la seule ligne Objet. Tapez ensuite un texte absolument quelconque (le fond de l'air est frais...) et envoyez-vous ce message. Vous vérifierez, ensuite, que vous l'avez bien reçu.

Pour expédier ce message, cliquez sur l'icône *Envoyer*, dans la barre d'outils.

Si vous êtes connecté au Net et si vous avez décidé de faire partir chaque message lorsque vous cliquez sur l'icône d'envoi, le message part immédiatement et est probablement arrivé à destination en quelques instants. C'est la situation par défaut.

Le message est expédié et la fenêtre d'envoi disparaît.

Prenez connaissance d'un message

Si vous vous êtes expédié ce premier message à vous-même, pour vous familiariser avec la messagerie, vérifier si vous l'avez bien reçu et affichez son contenu :

1. Affichez la fenêtre Outlook Express et cliquez sur *Boîte de réception*.
2. Cliquez sur l'icône *Envoyer et recevoir*.

Les messages qui vous sont destinés et qui se trouvent sur votre ordinateur serveur de messagerie vous sont transmis. Une fenêtre transitoire vous en indique d'ailleurs le nombre.

Votre message devrait figurer dans la liste des messages reçus : cliquez sur son titre pour afficher son contenu.

Afficher un message reçu dans une fenêtre distincte

Lorsque vous cliquez sur le titre d'un message, dans la boîte de réception, son contenu s'affiche dans le volet inférieur.

Si vous faites un double clic sur ce titre de message, son contenu apparaît dans une fenêtre distincte.

Répondez par retour du courrier

Une bonne habitude de travail veut qu'on réponde aussitôt à un message qui demande une réponse, s'il s'avère important. Si vous êtes débutant, vous allez avoir la révélation de la facilité d'emploi de la messagerie :

1. Affichez le message auquel vous voulez répondre, celui que vous vous êtes adressé.
2. Cliquez sur l'icône *Répondre à l'auteur.*
3. Une fenêtre de réponse semblable à celle de composition d'un message apparaît, mais elle est préremplie :
    - Le programme a automatiquement repris l'adresse de l'expéditeur du message original et l'a placé sur la ligne *A:*, désignant ainsi le destinataire.
    - Il a repris l'objet initial en le préfixant par les lettres *Re,* pour réponse.
    - Il a introduit le texte complet du message original dans le volet du bas, en tant que rappel en le titrant *Message d'origine* ou en préfixant chacune de ses lignes par un symbole tel que le chevron >. Vous pouvez supprimer ce rappel si vous le désirez, mais il est courant de le laisser subsister.

Il ne vous reste donc plus qu'à taper le texte de votre réponse et à cliquer sur le bouton *Envoyer*. Tapez ce texte où bon vous semble, avant ou après le rappel, de préférence avant.

Les destinataires (Cc et Cci)

Lorsque vous expédiez un message, vous indiquez le nom du destinataire sur la ligne libellée *A*. Parfois, vous souhaiterez envoyer une copie du message à des tierces personnes. En principe, l'envoi d'une copie n'appelle pas de réponse. Dans ce cas, tapez les noms des destinataires sur la ligne *Cc* (pour *copies conformes*).

Vous pouvez spécifier plusieurs destinataires

Vous pouvez inscrire plusieurs destinataires sur une ligne. Dans ce cas, séparez leur nom avec des points-virgules (;).

Les destinataires principaux voient à qui vous avez envoyé une copie. Si vous ne voulez pas qu'ils le sachent, il faut utiliser une autre méthode :

1. Dans la fenêtre d'envoi de message, cliquez sur le menu *Affichage*, puis sur sa commande *Tous les en-têtes*.
2. Une nouvelle ligne titrée *Cci* apparaît. On traduit ces lettres par *copies conformes invisibles*. Tapez là les noms d'autres destinataires qui resteront ignorés de ceux qui figurent sur les lignes *A* et *Cc*.

Joignez un document à votre message

Lorsque vous expédiez un message, vous pouvez lui agrafer des pièces jointes sous la forme de fichiers joints. Il suffit de sélectionner ces fichiers qui doivent être présents sur votre disque dur et de les déclarer en tant que pièces jointes. Ils sont alors envoyés avec le message. Voici ce qui se passe :

1. Rédigez le texte de votre message dans la fenêtre d'envoi.
2. Celle-ci étant affichée, cliquez sur l'icône représentant un trombone (sur la barre d'outils).
3. Une fenêtre de sélection de fichiers apparaît. Sélectionnez le fichier que vous voulez joindre à votre envoi : faites un double clic dessus.

4. Recommencez avec d'autres fichiers, si vous voulez en joindre plusieurs. Ces fichiers apparaissent dans le bas de la fenêtre d'envoi.

5. Cliquez sur le bouton *Envoyer*.

3.2. Recevez un fichier joint

Que recevra votre correspondant ou vous, si vous êtes le destinataire ? Un message avec, dans la colonne des pièces jointes, une icône de trombone telle que vous pouvez en voir dans la figure 3.2.

Si vous affichez le contenu du message, le même trombone s'affiche dans la barre d'en-tête. Le mode d'emploi est le suivant :

1. Cliquez sur le trombone de droite. Le titre de la pièce jointe apparaît (figure 3.4).

2. Cliquez ensuite sur le nom d'une pièce jointe pour, selon le cas :

   - Afficher une fenêtre demandant si vous voulez l'enregistrer séparément ou l'ouvrir. C'est ce qui se produit lorsque l'explorateur ne sait pas comment traiter ce fichier.
   - L'ouvrir directement dans son programme. Vous pourrez alors l'enregistrer.

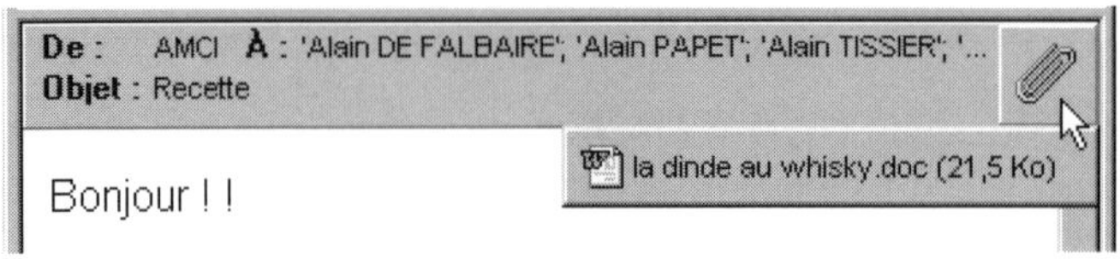

Figure 3.4. Un clic affiche le titre ou les titres, si tel est le cas, des pièces jointes.

Utilisez un beau papier à lettres

Vous n'êtes pas obligé d'émettre des messages de service aussi sévères et dépouillés dans leur aspect. Vous pouvez, en effet, sélectionner un papier à lettres de votre choix dans la liste qui vous est proposée par Microsoft.

La procédure est la suivante :

1. Affichez la fenêtre de la messagerie ou de la Boîte d'envoi.
2. Cliquez sur le menu *Outils*, puis sur sa commande *Papier à lettres*.

La seule condition avec le papier à lettres

Pour visualiser le papier à lettres, il faut que votre correspondant dispose d'un navigateur capable d'afficher autre chose que du texte pur, ce qui est le cas s'il travaille avec le même Microsoft Internet Explorer. Sinon, le résultat sera soit imprévisible, soit illisible.

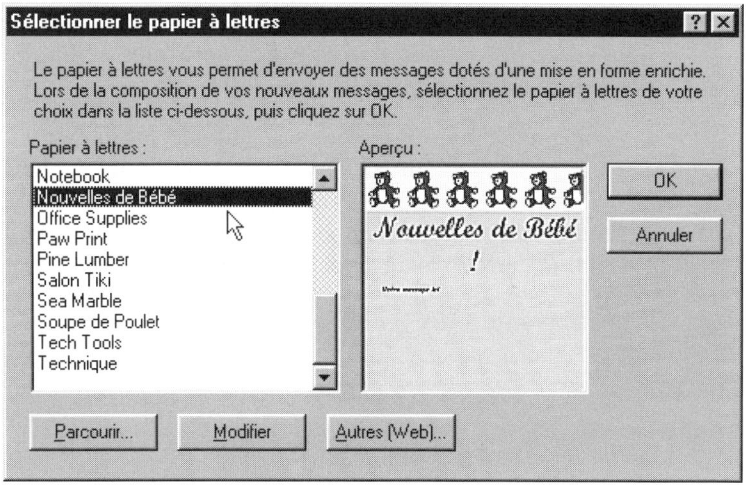

Figure 3.5. Choisissez le papier à lettres.

3. Cliquez sur l'onglet *Courrier*.
4. Dans le cadre *Pour composer de nouveaux messages*, cliquez sur la case *Ce papier à lettres*.
5. Cliquez sur le bouton *Sélectionner* et choisissez votre papier à lettres dans la liste des modèles proposés, immédiatement illustrés (figure 3.5).

Désormais, tous vos messages seront composés sur un tel papier à lettres.

Ajoutez une signature à vos messages

Attention : il ne s'agit pas, ici, d'ajouter une signature manuscrite à un message, mais seulement d'associer à votre signature quelques informations complémentaires, par exemple :

```
Françoise Benneviste
Maître de recherches
Site Internet : www.benneviste.fr
```

Créer une signature

Pour créer une signature avec Microsoft Internet Explorer, la procédure est la suivante :

1. Dans le fenêtre de messagerie, cliquez sur le menu *Outils*, sur sa commande *Options*, puis sur l'onglet *Signatures*. Nous vous présentons ce volet dans la figure 3.6, totalement rempli, donc après la procédure que nous allons maintenant vous décrire.
2. Cliquez sur le bouton *Nouveau*.
3. Dans la fenêtre, tapez le texte de votre fichier signature.

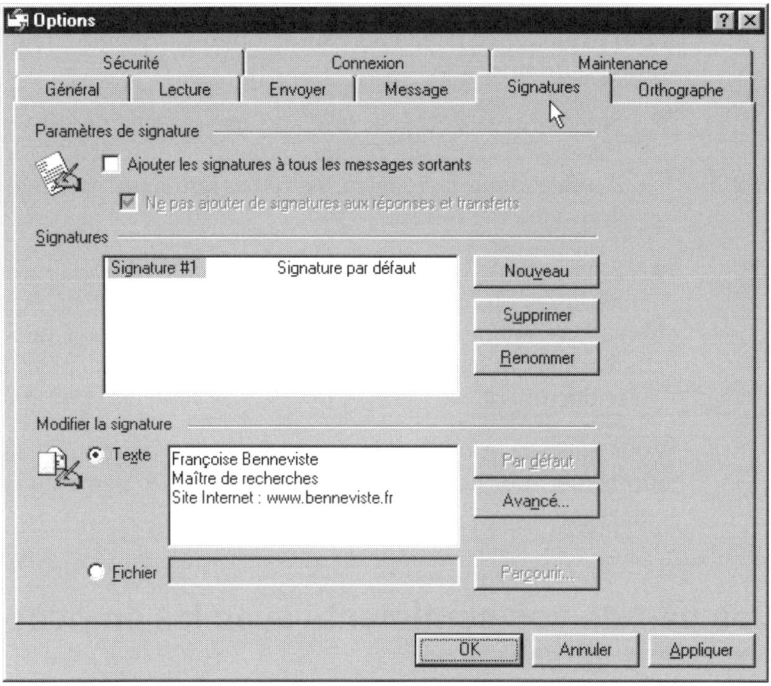

Figure 3.6. Pour déclarer un fichier signature.

4. Cliquez sur la case *Ajouter les signatures à tous les messages sortants* pour la cocher, si vous souhaitez que ce soit le cas.
5. Cliquez sur la case *Ne pas ajouter de signatures aux réponses et transferts* pour la cocher, si vous souhaitez ne pas introduire d'office le fichier signature dans ces types de messages. Cette ligne n'est active que si *Ajouter les signatures à tous les messages sortants* a été cochée.
6. Cliquez sur *OK* dans les deux fenêtres ouvertes pour terminer cette déclaration.

Le fichier signature étant préparé, voici comment l'utiliser.

Utiliser le fichier signature

Pour exploiter ce fichier signature, ouvrez la fenêtre de préparation d'un message :

- Si vous avez coché la case *Ajouter les signatures à tous les messages sortants*, le fichier signature se trouve incorporé d'office dans la fenêtre de rédaction d'un message que vous venez d'ouvrir.
- Si vous avez coché la case *Ne pas ajouter de signatures aux réponses et transferts*, cliquez sur le menu *Insertion*, puis sur sa commande *Signature* pour l'incorporer dans les réponses et les transferts. Le texte du fichier se place dans le document.

Vous pouvez modifier le texte du fichier signature ou en supprimer tout ou partie. Vous le placerez également où bon vous semble.

Faites part de vos sentiments avec les émoticons

Les internautes aiment souvent associer à leurs messages des petits dessins stylisés connus sous le nom de *smileys*, en anglais, ou d'*émoticons*, en français. A leur origine se trouve Scott Falhman, de l'université de Carnegie Mellon. En voici un échantillonnage (il faut les lire en les regardant de côté) :

:-)	sourire
:-D	rire
:-*	baiser
;-)	clin d'œil
:-X	bouche cousue
:-P	tire la langue
:-|	indifférent
:-(	déçu, mécontent

:'(	pleure
:-o	oh !
0:-)	angélique
>:->	démoniaque
;->	sourire sarcastique
>;->	clin d'œil démoniaque

Utilisez le Carnet d'adresses

Le carnet d'adresses offre un confort supplémentaire. Par exemple, lorsque vous voudrez expédier un nouveau message, vous demanderez au carnet d'adresses d'insérer l'adresse ou les adresses électroniques aux bons endroits sans que vous ayez à vous en soucier. Il vous suffira de sélectionner les noms.

Vous pourrez aussi taper un simple nom dans votre message : le carnet d'adresse le vérifiera et le complétera automatiquement s'il le connaît. Ou bien vous lui demanderez de le vérifier et de vous indiquer, s'il ne le trouve pas, quels sont les noms les plus proches.

Avec Internet Explorer, de nouveaux noms et adresses sont automatiquement enregistrés dans le carnet d'adresses lorsque vous composez un message vers un nouveau destinataire. Bref, on n'en finirait pas d'énumérer les caractéristiques de cet outil dont voici la présentation.

Ouvrir le Carnet d'adresses

Pour ouvrir le Carnet d'adresses, au choix :

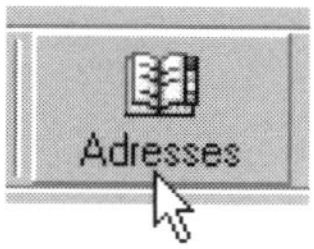

- Cliquez sur l'icône du carnet d'adresses, dont l'aspect est rappelé ci-contre.
- Cliquez sur le menu *Outils*, puis sur sa commande *Carnet d'adresses*.

◆ Appuyez sur *Ctrl* + *Maj* + *B*.

La figure 3.7 montre une fenêtre type du carnet d'adresse.

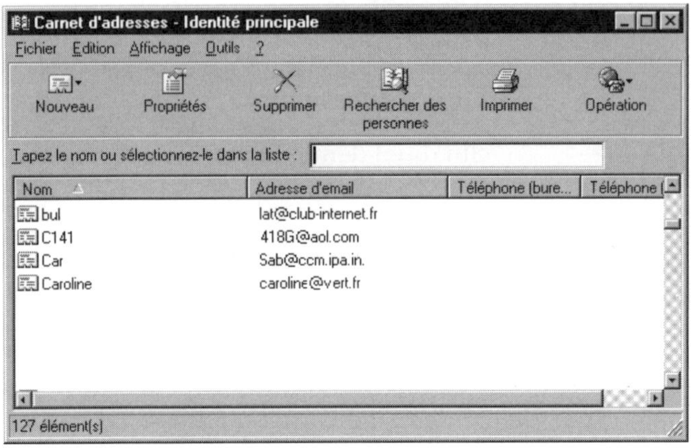

Figure 3.7. Premier aperçu sur le Carnet d'adresses, avec quelques noms enregistrés.

Ajouter un correspondant

Pour enregistrer une nouvelle adresse dans le carnet :

1. Ouvrez le carnet d'adresses, comme ci-dessus.
2. Cliquez sur l'icône *Nouveau*, puis sur *Nouveau contact*.
3. La boîte de dialogue d'ajout s'affiche. Remplissez-la comme vous l'entendez.
4. Tapez l'adresse dans la zone *Adresse d'email*, puis cliquez sur le bouton *Ajouter* pour l'enregistrer.
5. Cliquez sur *OK*. L'entrée rejoindra la liste de celles qui l'ont précédée dans la fenêtre du carnet d'adresses.

Reconnaissance automatique des noms

Lorsque vous tapez le nom d'un destinataire dans un message en préparation, le programme, sans rien vous en dire, consulte le carnet d'adresses et complète ce nom de lui-même s'il le connaît. Cet automatisme est très agréable à l'usage. Il suffit d'indiquer le nom, le prénom, le surnom, bref un élément quelconque de reconnaissance. Si le programme reconnaît cette information, il souligne le nom.

La marque de reconnaissance

Lorsque le programme a reconnu un nom, Outlook Express l'affiche et le souligne. Un nom non souligné est un nom non reconnu.

Lorsque tel n'est pas le cas, voici une première méthode permettant d'utiliser le contenu du carnet d'adresses afin d'éviter de taper cette adresse vous-même :

1. Dans la fenêtre de préparation d'un message, tapez un nom, un prénom seul ou le surnom que vous avez déclaré dans le carnet d'adresses. Si vous laissez le curseur sur sa ligne, il est inutile de le sélectionner.
2. Cliquez sur l'icône *Vérifier*, dont l'aspect est indiqué ci-contre. Ou bien ouvrez le menu *Outils* et cliquez sur sa commande *Vérifier les noms*. Ou encore, appuyez sur *Ctrl + K*.

3. Si le nom que vous avez tapé existe dans le carnet d'adresses, il est reconnu et éventuellement complété. Le programme le souligne pour témoigner de cette reconnaissance. Celle-ci ne tient pas compte de la distribution majuscules-minuscules : vous pouvez tout taper en minuscules. Le message sera automatiquement envoyé à l'adresse correspondante.

4. S'il n'est pas reconnu, une boîte de dialogue s'affiche pour vous l'indiquer. Selon le cas :

   - Aucun nom approchant n'a été trouvé.
   - Il existe des noms proches ; ils sont listés.

Pour ajouter un correspondant manuellement, cliquez sur l'icône *Nouveau contact*. Remplissez ensuite les divers volets de la fenêtre qui s'affiche selon vos besoins.

Astuce : utilisez un surnom ou un sobriquet

Parmi les renseignements figurant dans le volet Personnel de la boîte d'enregistrement d'un correspondant se trouve une rubrique Surnom ; vous pouvez inscrire là un surnom qui servira, tout comme le nom, à définir ce correspondant.

Introduire les destinataires dans un message depuis le carnet d'adresses

Plutôt que de tapez les noms des destinataires dans votre message, mieux vaut les sélectionner dans votre carnet d'adresses. Leurs coordonnées seront automatiquement reportées dans votre courrier sur les bonnes lignes :

1. Ouvrez une fenêtre de préparation d'un message.
2. Cliquez sur l'icône de l'une des rubriques *A*, *Cc* ou *Cci*. Remarquez qu'elles portent l'icône du carnet d'adresses, ainsi que le rappelle l'illustration ci-contre. Si vous avez personnalisé la barre d'outils en lui ajoutant l'icône du carnet d'adresses, vous pouvez aussi cliquer dessus.

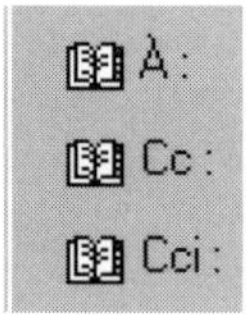

3. La boîte de dialogue listant les noms enregistrés dans le carnet d'adresses apparaît.

4. Cliquez sur un nom pour le sélectionner, puis sur l'un des boutons *A*, *Cc* ou *Cci*. Le nom est copié dans la liste correspondante de la colonne de droite.
5. Recommencez avec tous les noms voulus. Si vous avez créé un groupe, utilisez simplement son nom pour vous adresser simultanément à sa collection de destinataires.
6. Terminez en cliquant sur *OK*.

Raccourci

Vous pouvez aussi directement introduire un nom en double-cliquant dessus. Ce nom est alors automatiquement introduit dans la zone sur laquelle vous aviez fait un double clic pour ouvrir cette fenêtre. Vous pouvez encore utiliser le nom d'un groupe que vous avez créé.

Les noms sont automatiquement reportés dans votre message en préparation et soulignés, puisqu'ils ont été reconnus dans le carnet d'adresses.

Listes de diffusion

Une autre fonction de la messagerie concerne les *listes de diffusion*, ou *listes de distribution*, ou *listes d'envoi*, et en anglais, *mailing lists*. Une liste de diffusion permet soit un travail collectif, soit des discussions collectives sur les sujets les plus variés.

Une liste de diffusion de messagerie n'est pas autre chose qu'une liste d'adresses d'un ensemble de correspondants qui dialoguent sur n'importe quel objet de leur passion. Il en existe pour tous les goûts, et parfois d'assez imprévus. Il en naît spontanément sans cesse.

Vous pouvez vous joindre à un groupe de discussion en souscrivant un abonnement au groupe : vous ajoutez votre nom à la liste, sans aucun droit à payer, car tout est gratuit.

Vous pouvez également vous désabonner si vous trouvez que le groupe ne répond pas à votre attente ou si votre boîte aux lettres a tendance à déborder. Notez que certaines listes de discussion sont parfois à sens unique : elles ne sont destinées qu'à la lecture seulement.

Les listes de diffusion se comportent comme une variante des groupes de discussion, ou newsgroups. Ces derniers appliquent d'autres protocoles que la messagerie, mais leur comportement est très comparable. Vous les découvrirez dans le chapitre suivant. Dès que vous êtes abonné, les courriers que vous adressez à la liste de diffusion sont reçus par tous ses abonnés. A l'inverse, tous les messages de tous les abonnés vous parviennent.

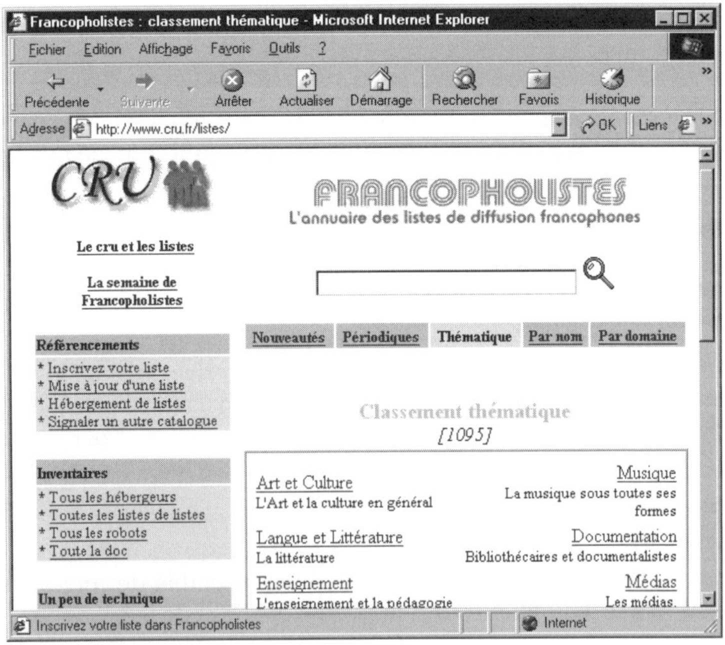

Figure 3.8. Pour trouver des listes de diffusion.

Les listes de diffusion vous intéressent ? Vous voudriez bien savoir ce qui existe ? Vous trouverez plusieurs catalogues sur le Net. Si vous recherchez des listes de diffusion francophones (il en existe encore relativement peu), vous pouvez vous connecter au site (figure 3.8) :

http://www.cru.fr/listes/

A qui répondre ?

Lorsque vous répondez à une liste de diffusion, vous avez le choix entre répondre à tous les abonnés ou répondre au seul auteur d'une intervention. Répondez au seul auteur si votre message n'offre d'intérêt que pour lui et ne concerne pas la collectivité (par exemple, un message de soutien ou une demande de confirmation d'une référence).

Chapitre 4

PARTICIPEZ AUX GROUPES DE DISCUSSION (NEWS)

Les groupes de discussion, ou forums, *ou* newsgroups, *ou* news *en abrégé, permettent de discuter de tout ce qui peut donner matière à discussion. Chaque groupe se spécialise sur un thème parfois très pointu.*

Pour participer aux discussions d'un groupe, il faut s'abonner. Cette opération n'est qu'une simple formalité gratuite.

Les groupes de discussion sont servis par la même interface que la messagerie, par Outlook Express. Si vous maîtrisez le fonctionnement du courrier électronique, vous n'éprouverez aucune difficulté à passer aux news.

Introduction aux groupes de discussion

Les *groupes de discussion* réunissent des interlocuteurs animés par un même besoin de communication. Chaque groupe est dédié à un thème (éducation des enfants, cuisine des desserts, architecture, Windows 98...). Les participants dialoguent, posent des questions, répondent et discutent librement des sujets qui les intéressent en échangeant des messages.

Ces messages sont stockés sur des serveurs spécialisés, entretenus par des sociétés ou des personnes individuelles. Votre fournisseur d'accès doit disposer d'une connexion vers au moins l'un de ces serveurs.

Tout ce qui peut faire l'objet d'une discussion est débattu dans ces forums, dont le nombre croît sans cesse. Il existe des forums spécialisés, très pointus, et des forums généralistes. S'il est vrai que la majorité sont en anglais, il n'en reste pas moins qu'il en existe des centaines en français.

Objet des discussions

L'objet d'une conversation, dans un forum qui aborde plusieurs thèmes tournant autour du sujet principal pour lequel il s'est créé, s'appelle soit un thème, soit un fil. Rappelez-vous l'expression : "Au fil de la conversation." Le mot anglais est thread. Il est toujours intéressant de suivre un fil pour se tenir au courant de tout ce qui le concerne, ainsi que pour intervenir dans le débat.

Ces groupes se comportent différemment de la messagerie : l'utilisateur voulant intervenir s'adresse, en principe, à l'ensemble des destinataires de ce groupe et non plus à un correspondant particulier. D'autre part, les protocoles mis en œuvre sont très différents de ceux de la messagerie.

L'accès aux forums est libre et gratuit : il suffit de s'abonner.

S'enregistrer pour s'abonner

Pour consulter et recevoir automatiquement les nouveaux messages ou pour participer aux newsgroups, vous devez souscrire un abonnement. Cette simple formalité consiste à vous enregistrer. Vous êtes alors inscrit sur la liste des destinataires et tout est gratuit. Si le groupe ne vous intéresse plus, vous résiliez votre abonnement, vous vous désabonnez de la même façon, sans plus de cérémonie.

Pour Microsoft Internet Explorer, c'est encore Outlook Express qui sert à gérer les groupes de discussion.

La plupart des newsgroups sont libres, sans direction. D'autres sont dirigés, présidés, et vos interventions sont soumises à un président qui les filtre et décide de les rendre publiques ou de les refuser.

Groupes modérés

On dit d'un newsgroup dirigé qu'il est modéré. Il s'agit d'une mauvaise traduction de l'anglais moderator, l'équivalent approximatif de président pour un groupe de discussion ou une conférence. Cela signifie simplement que vous devez lui soumettre vos contributions pour acceptation et publication, ou rejet.

A l'origine des groupes de discussion se trouve Netnews, désigné aussi par Usenet, un système développé à la fin des années 70 pour des ordinateurs fonctionnant sous le système d'exploitation Unix. Il s'est, depuis, imposé à toutes les plates-formes. En fait, les ordinateurs serveurs Usenet qui alimentent les groupes de discussion pourraient très bien ne pas être connectés à Internet, mais le Net offre tellement d'avantages qu'il est devenu leur moyen d'échange privilégié.

Grandes familles de newsgroups

L'adresse d'un groupe de discussion ressemble à toute autre adresse Internet : elle se compose de mots chaînés, séparés par des points. En voici un exemple :

```
fr.sci.astronomie
```

Le premier groupe de lettres désigne le domaine, *fr* pour France, le deuxième la branche, *sci* pour science, et le troisième est sa spécificité, l'astronomie. Les principales catégories sont résumées dans le tableau 4.1.

Notez également qu'en raison de la masse des informations diffusées par les newsgroups, celles-ci ne sont guère conservées très longtemps. Passé un certain délai, l'article est soit archivé, soit supprimé.

Groupes francophones fr

Il existe une belle collection de groupes francophones. Ils sont souvent préfixés par les lettres fr, ce qui vous permettra de les localiser plus facilement.

Tableau 4.1. Indicatifs pour groupes de discussion

Classe	Signifie	Français	Thèmes
alt	alternative		Tout et n'importe quoi. Très anarchique
comp	computers	ordinateurs	L'informatique
misc	miscellaneous	divers	L'inclassable
news		nouvelles	Internet en général
rec		récréation	Loisirs, sports, arts...
sci	sciences		Sciences
soc	society	société	Société, politique, vie pratique...
bit			Sert surtout de miroir à des listes d'envoi
gnu			Produits du consortium GNU
info			Informations sur l'utilisation des logiciels
talk		orateurs	Eloquence
fr	French	Français	Tous les thèmes, mais en langue française

Ouvrez le service des news

Les fonctions principales comme les écrans des groupes de nouvelles sont identiques à ce que vous avez découvert avec la messagerie, puisque c'est Outlook Express qui leur sert de support.

Pour ouvrir Outlook Express, le plus simple consiste à cliquez sur son icône dans la barre de lancement rapide (revoyez la figure 3.1).

La fenêtre d'Outlook Express devrait s'afficher, par exemple telle que l'illustrait la figure 3.2 avec son écran d'accueil. Le volet vertical de gauche liste l'ensemble des dossiers. Vous devriez y trouver, pour le moins, celui du serveur de news de votre fournisseur d'accès. Par exemple, l'auteur de ce livre travaille avec le fournisseur d'accès :

`planetepc.fr`

Son serveur de news est :

`news.planetepc.fr`

C'est cette ligne qui représente l'accès aux news et qui figure dans l'écran de la page 71, affichant le service des groupes de discussion.

Pour lister les groupes de nouvelles auxquels vous vous êtes abonné, développez le dossier des news en cliquant sur le signe plus (+) qui le préfixe, s'il n'est pas déjà développé et n'affiche pas un signe moins (-). Si vous avez déjà souscrit des abonnements, ils seront listés sous le nom du dossier principal.

Réduisez aussi les dossiers de la messagerie en cliquant sur leur signe moins (-) qui les préfixe, si la messagerie avait été développée. Ce n'est pas indispensable.

Si vous démarrez, vous n'avez encore souscrit aucun abonnement et la liste des dossiers reste vide. Vous devez donc vous intéresser de plus près aux groupes existants et, pour cela, en télécharger la liste.

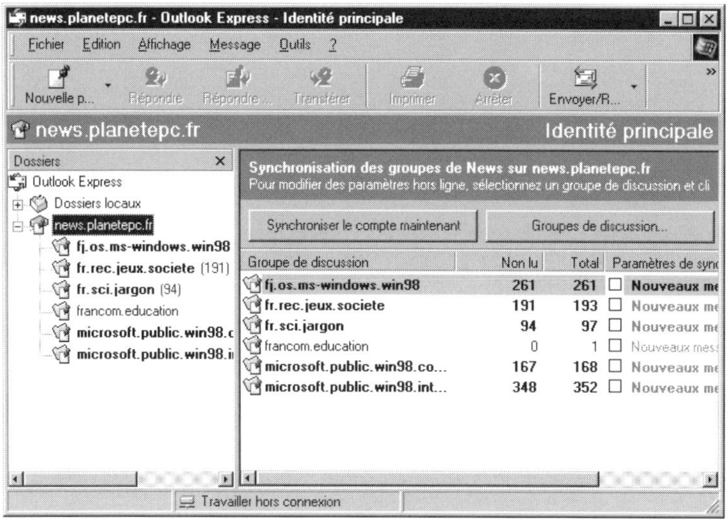

Figure 4.1. Ecran type des groupes de discussion. Le serveur des news est sélectionné dans la colonne de gauche. En-dessous et dans le volet de droite figurent les groupes auxquels on s'est abonné.

Connectez-vous au serveur de news

News enchaîne sa première mise en service avec le téléchargement de la liste des groupes *disponibles sur le serveur* que vous avez déclaré. La liste des groupes peut aisément dépasser plusieurs milliers. Selon la vitesse de votre liaison, ce téléchargement demandera de plus ou moins longues minutes.

Cette opération ne s'effectue qu'une seule fois ; par la suite, vous n'aurez plus qu'à effectuer des mises à jour. C'est pourquoi cette liste est enregistrée sur votre disque dur : lors des connexions suivantes, il suffira qu'elle soit mise à jour.

Si vous n'êtes pas encore connecté à Internet, c'est lorsque vous appelez les news que le programme affiche la fenêtre habituelle de connexion vous demandant votre mot de passe.

Tapez-le et appuyez sur *OK* afin que la connexion s'établisse avec votre serveur de nouvelles.

Lorsque le téléchargement est terminé, une fenêtre listant les noms de ces groupes de nouvelles apparaît : il ne vous reste plus qu'à souscrire des abonnements.

Abonnez-vous à des groupes de discussion

Pour vous abonner à un groupe de discussion, vous devez passer par une fenêtre spécifique représentée figure 4.2. Pour l'ouvrir si elle n'apparaît pas automatiquement après le téléchargement, au choix :

- Dans la fenêtre d'accueil d'Outlook Express, cliquez sur le lien *S'abonner aux groupes de News*.
- Si vous partez de la page d'accueil des news, figure 4.1, cliquez sur le gros bouton *Groupes de discussion*.
- Dans la barre d'outils des news, cliquez sur l'icône *Groupes de discussion*. Son aspect est reproduit ci-contre.

- Dans la même fenêtre, cliquez sur le menu *Outils*, puis sur sa commande *Groupes de discussion*.

La fenêtre de la figure 4.2 liste la totalité des groupes de discussion gérés par votre fournisseur d'accès. Si vous avez accès à plusieurs serveurs, leurs noms sont listés dans la colonne de gauche.

Si la liste des groupes n'apparaît pas

Si les groupes ne sont pas listés dans cette fenêtre, c'est que vous n'avez pas encore téléchargé leur liste. Vous pouvez la télécharger ou la mettre à jour, si vous le souhaitez, en cliquant sur le bouton Réinitialiser la liste. Méfiez-vous : cette opération est toujours aussi longue.

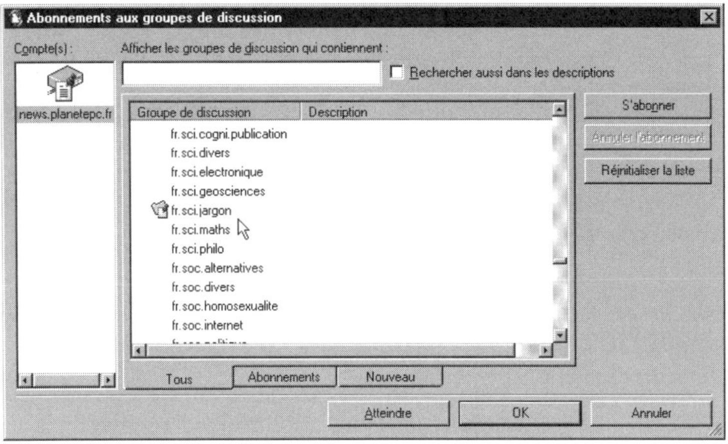

Figure 4.2. Fenêtre des abonnements. On a souscrit un abonnement au groupe pointé par la flèche. Une icône d'abonnement le préfixe en marge gauche.

La liste affichée, la procédure d'abonnement est on ne peut plus simple ; au choix :

- Faites un double clic sur le groupe auquel vous voulez vous abonner.
- Ou bien cliquez dessus pour le sélectionner, puis cliquer sur le bouton *S'abonner*.

Le groupe auquel vous vous êtes abonné est marqué en marge par une icône, celle que vous trouvez dans la figure 4.2 à côté du groupe *fr.scsi.jargon*.

Résilier un abonnement

Pour résilier un abonnement qui ne vous convient plus, exécutez la même opération : faites un double clic sur le groupe auquel vous étiez abonné ou bien sélectionnez-le et cliquez sur le bouton Annuler l'abonnement, devenu actif.

Vous pouvez souscrire autant d'abonnements que vous le désirez, mais méfiez-vous d'un piège : vous risquez de recevoir une avalanche de messages à lire.

Les abonnements souscrits, cliquez sur le bouton *Atteindre* ou sur *OK*. Vous êtes ramené dans la fenêtre des news et vos abonnements y figurent en bonne place. Outlook Express va télécharger les messages appartenant à ces groupes lorsque vous en sélectionerez un.

Cherchez des groupes de discussion

Il existe, bien sûr, des moteurs de recherche permettant de détecter les groupes de discussion qui vous intéressent, mais déjà, cette première liste affichée peut vous embarrasser.

Si vous avez une idée de ce que vous désirez, tapez-le sur la ligne *Afficher les groupes de discussion qui contiennent*, et patientez un instant : la liste se réduira automatiquement aux groupes demandés.

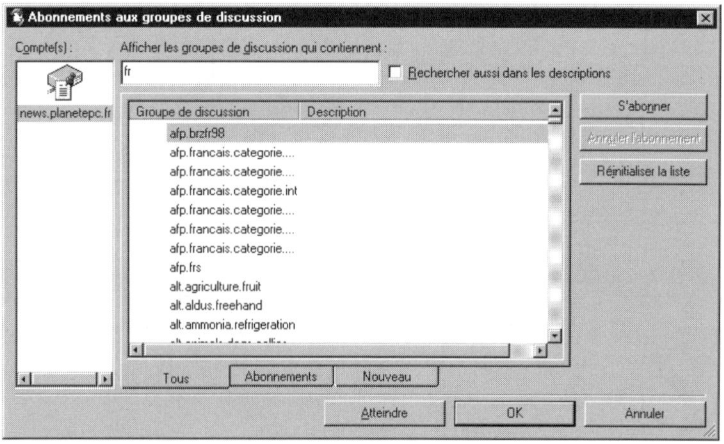

Figure 4.3. Liste des groupes francophones ou contenant les lettres fr.

Par exemple, vous recherchez les groupes francophones marqués par *fr*. Tapez *fr* sur la ligne de recherche et, après un instant, vous obtenez la liste des groupes contenant ces lettres dans leur nom (figure 4.3). Bien sûr, quelques intrus peuvent s'y glisser, mais c'est déjà un réel progrès.

Si vous cochez la case *Rechercher aussi dans les descriptions*, vous listerez également les groupes contenant *fr* non plus seulement dans leur nom, mais aussi dans leur description, s'il en existe une. L'expérience est plus convaincante avec un terme non ambigu. Par exemple, si la biologie vous intéresse, tapez *biologie*, ou *biology* à l'anglaise, ou simplement *biolog* et vous obtiendrez la liste des groupes spécialisés.

Prenez connaissance des messages

Vous avez souscrit un ou plusieurs abonnements et vous êtes revenu dans la fenêtre des news d'Outlook Express. Les groupes auxquels vous vous êtes abonné sont listés dans la colonne des dossiers et répétés dans la fenêtre d'accueil. Pour afficher la fenêtre typique des news :

1. Sélectionnez un groupe de discussion. Cliquez dessus dans le volet des dossiers.
2. Les titres de ses messages apparaissent dans le volet supérieur des en-têtes de messages. Cliquez sur une communication : son contenu s'affiche dans le volet de prévisualisation (figure 4.4).

Vous le constatez, la fenêtre de base des groupes de discussion est identique à celle de la messagerie, à la barre d'outils près puisque les outils sont adaptés à ce nouveau service.

Remarquez bien que, tout comme avec la messagerie, dans le cadre supérieur, une contribution non encore lue est écrite en **gras**. Dès que vous la sélectionnez et l'affichez, elle est considérée comme lue (après deux secondes, par défaut) et son titre passe en caractères maigres.

Les messages restent stockés sur le serveur

Les contenus des messages des groupes de discussion restent stockés sur le serveur. Heureusement, car votre disque dur n'y suffirait pas. Vous devez donc rester connecté pour télécharger ceux que vous demandez.

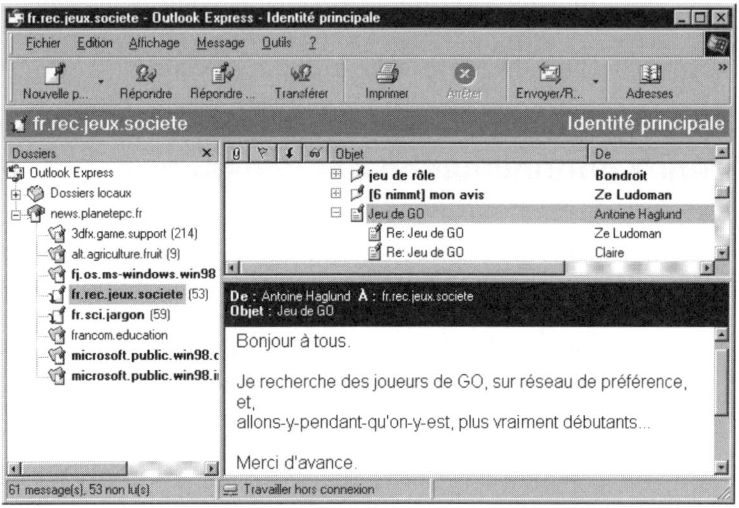

Figure 4.4. Fenêtre de travail avec les news. Si vous aimez le jeu de Go...

Les thèmes de discussion

Avec les groupes de discussion, le sujet - le thème, le fil, ou l'objet - est particulièrement important. Il faut toujours l'indiquer en quelques mots succincts. Rappelez-vous que le destinataire ne prendra connaissance d'un message que si l'objet l'intéresse.

Les participations des intervenants peuvent être organisées en thèmes, ou objets de conversation. Dans un fil, une fois la question de départ posée, les interventions reprennent le sujet indiqué en le préfixant par les lettres *Re*, pour *Reply*, réponse. Cela, tout comme avec le courrier électronique.

Par défaut, les messages sont classées par thèmes :

- Pour ouvrir un thème, cliquez sur le signe plus (+) qui le préfixe.
- Pour le refermer, cliquez sur le signe moins (-) qui le préfixe.

Pour suivre un thème :

1. Sélectionnez un message dont vous voulez suivre le thème.
2. Cliquez sur le menu *Affichage*, puis sur sa commande *Suivre le thème.*

Des lunettes marquent tous les messages appartenant à ce thème, et ce, depuis le niveau choisi (question de départ ou réponses, lorsque plusieurs niveaux existent).

Lorsqu'un message est ainsi marqué, vous pouvez recliquer sur la paire de lunettes pour le surmarquer, ce qui ajoute une croix (figure 4.5). Vous vous servirez de ces marques pour mieux organiser votre travail. Une dernier clic supprime tout marquage.

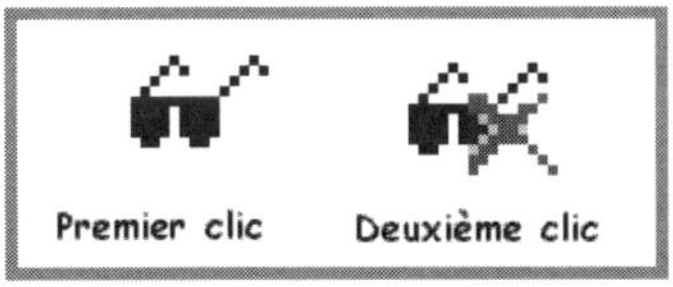

Figure 4.5. Les deux aspects de la paire de lunettes.

Prévisualisez ou affichez dans une fenêtre

Tout comme avec la messagerie, le contenu de la communication sélectionnée s'affiche dans le volet du bas, le volet de *visua-*

lisation, ou de *prévisualisation*. Pour l'afficher dans une fenêtre distincte, faites un double clic sur le message. Dans ce cas, la zone d'en-tête est plus développée.

Lorsque le thème de discussion est suivi, une ligne supplémentaire, en en-tête, l'indique avec la formule : *Ce message est actuellement suivi*. S'il ne l'est pas, cette ligne n'apparaît pas.

Répondez à une intervention

Pour répondre à une communication dans un groupe :

1. Sélectionnez la communication.
2. Cliquez sur l'icône *Répondre au groupe*. Une fenêtre de réponse semblable à celle de la messagerie apparaît. Par défaut, elle reprend :
   - Le nom du groupe.
   - L'objet, préfixé par les lettres Re.
   - Le texte du message, chaque ligne étant préfixée par un chevron, le signe plus grand que (>).
3. Tapez votre réponse et expédiez-la.

Tapez la réponse avant ou après le rappel

Vous pouvez taper votre réponse avant ou après le rappel du message d'origine. Si ce dernier est très long, supprimez-en les passages inutiles, mais en l'indiquant, par exemple en les remplaçant par la marque [...].

Initiez une discussion

Si vous voulez poser une question et lancer un nouveau thème de discussion (autrement dit, vous ne répondez à aucun des fils de discussion déjà ouverts) :

1. Activez le newsgroup qui vous intéresse.
2. Cliquez sur l'icône *Nouvelle participation* ou *Nouveau message*, selon ce que votre programme affiche. La fenêtre *Nouveau message* apparaît.
3. Par défaut, le nom du groupe de nouvelles actif est repris dans l'en-tête. Conservez-le, mais vous pouvez aussi en changer.
4. Tapez l'objet de votre intervention, puis rédigez le texte dans le cadre inférieur.
5. Cliquez sur l'icône *Envoyer*, la première sur la gauche dans la barre d'outils.
6. Le message est immédiatement expédié, tout comme avec la messagerie, si vous êtes connecté et si vous travaillez en ligne.

Répondez au seul l'auteur

Vous avez pris connaissance de la discussion en cours et vous voulez intervenir soit pour répondre à une soumission, soit pour donner un conseil, etc. Vous avez le choix entre :

1. Vous adresser à l'ensemble des abonnés du groupe de nouvelles. Faites-le si votre intervention est générale et peut intéresser de nombreux participants.
2. Répondre au seul auteur de la communication qui vous a interpellé. Par exemple, vous souhaitez le féliciter pour la qualité de son message, lui dire que vous êtes totalement d'accord, lui demander une précision qui n'intéresse que vous, etc.

Pour répondre au seul auteur :

1. Affichez la communication à laquelle vous voulez répondre.

2. Cliquez sur l'icône *Répondre à l'auteur*.

3. Une fenêtre de réponse s'affiche. Elle reprend l'adresse de l'auteur de la communication, les coordonnées de l'expéditeur et l'objet, préfixé par *Re*, ainsi que le texte d'origine.

4. Vous pouvez compléter la zone d'en-tête en cliquant sur le menu *Affichage*, puis sur sa commande *Tous les en-têtes*, ce qui ajoute la ligne *Cci* pour une réponse à l'auteur.

5. La fenêtre reprend donc le texte du message auquel vous répondez, préfixé par des chevrons (>). Tapez votre réponse. Vous pouvez la taper avant ce texte ou après. Si vous la tapez avant, les lecteurs qui connaissent déjà la question ne seront pas importunés par son rappel.

6. Supprimez aussi les parties du message d'origine non indispensables. La correction veut que, si vous supprimez du texte, vous le remplaciez par trois points de suspension entre crochets tels que [...].

7. Cliquez sur l'icône *Envoyer*.

Groupez les messages par thèmes

Un thème de discussion est l'*objet* du message. Il se compose d'abord du message original qui ouvre un débat, puis de toutes les réponses à ce premier message.

Lorsque vous définissez un nouvel objet de débat, vous lancez un nouveau thème. Toutes les réponses reprennent automatiquement le même thème, préfixé par les lettres *Re*. Par défaut, la colonne des messages d'un newsgroup liste ces interventions par fils, en utilisant des niveaux pour bien distinguer l'original des réponses.

Pour afficher les messages par fils, la méthode la plus rapide consiste à cliquer sur la zone d'en-tête de la colonne *Objet*. Un clic trie par ordre ascendant, un second par ordre descendant, etc. Une flèche marque la colonne de tri, son sens spécifiant son ordre. Pour développer ou réduire les fils des conversations :

- Pour réduire une liste et ne laisser subsister que l'objet de la discussion - son fil -, cliquez sur l'icône située sur sa gauche et comportant le symbole moins (-). L'icône devient un plus (+).
- Pour développer une liste réduite, cliquez sur l'icône plus (+). La liste réapparaît et l'icône redevient un moins (-).

Transférez une communication

Vous avez découvert une intervention qui intéresserait une tierce personne, non abonnée à ce groupe de nouvelles. Il suffit de la lui faire suivre :

1. Affichez la communication à faire suivre.
2. Cliquez sur l'icône *Transférer*, dans la barre d'icônes.
3. Une fenêtre de transfert s'affiche. Elle est identique à celle que vous avez découverte avec la messagerie et reprend, bien sûr, le texte de l'intervention. Sa marque est soit *Tr*, pour *transférer*, soit *Fw*, pour *Forward*, en anglais.
4. Remplissez la ligne du destinataire, et éventuellement celle d'une personne à qui vous voulez envoyer une *copie carbone* (Cc), c'est-à-dire une copie de ce message. Remarquez que l'objet est repris également du message d'origine.
5. Si vous avez développé les en-têtes, vous disposez également d'une ligne *Cci*, copies conformes invisibles.
6. Tapez un petit mot d'explication pour votre destinataire.
7. Cliquez sur l'icône *Envoyer*.

Chapitre 5

Les salons où l'on cause (Chat)

Sur Internet existe un support de bavardage généralement dénué de toute ambition professionnelle et souvent aussi peu sérieux que possible, Chat *(prononcez à l'américaine :* tchatte*).*

Vous y mènerez des discussions écrites adoptant généralement la forme d'une bande dessinée ; vous choisissez votre personnage, ses expressions et son environnement. C'est curieux et très astucieux.

Démarrez votre tchatche

Pour les Américains, le mot *chat* (prononcez *tchatte*) signifie bavardage et est doté d'un sens léger. En français, on pourrait parler de *tchatche*, un mot familier provenant à son tour de l'espagnol *chacharear*, bavarder, et dont la signification, selon le Larousse, est *bagout volubile*.

Une discussion prend ici la forme d'une bande dessinée, chaque intervenant étant représenté par le personnage qu'il a choisi (figure 5.1).

Pour configurer Microsoft Chat inclus dans Internet Explorer, et démarrer une séance de marivaudage dans l'un des salons ouverts :

1. Commencez par lancer le programme en cliquant sur le bouton *Démarrer*, sur *Programmes*, sur *Internet Explorer*, puis sur *Microsoft Chat*. Son écran apparaît en fond, mais, lors d'un premier lancement, un assistant se présente.
2. Sélectionnez le serveur dans la liste déroulante. Il en existe de nombreux, mais autant commencer par le serveur par défaut, celui de MSN.

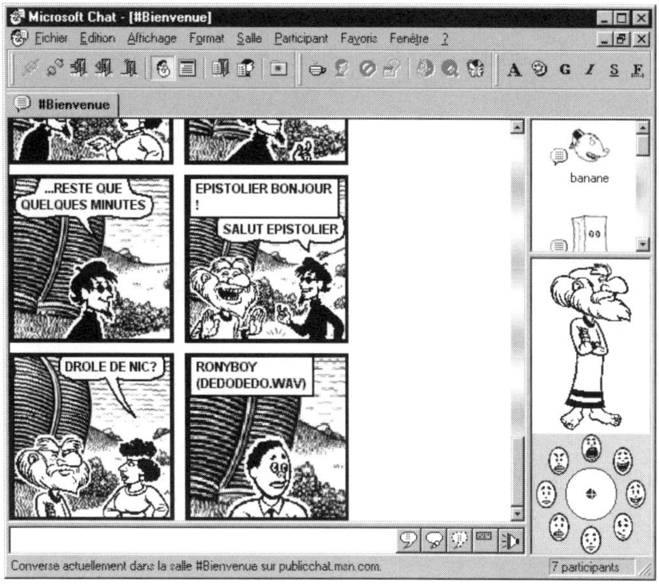

Figure 5.1. Les échanges apparaissent comme une bande dessinée.

3. Cliquez sur l'onglet *Informations personnelles* et remplissez ce volet à la demande. Adoptez un pseudonyme.

4. Cliquez sur l'onglet *Personnage* :

   - Sélectionnez dans la colonne de gauche celui qui vous représentera.

   - Choisissez son expression dans le panneau de droite, sur la *Roue des émotions* (figure 5.2).

Expressions multiples

Pour voir de quelle façon votre personnage manifeste divers types d'émotions, faites glisser le point noir situé au centre de la roue des émotions sur différentes positions.

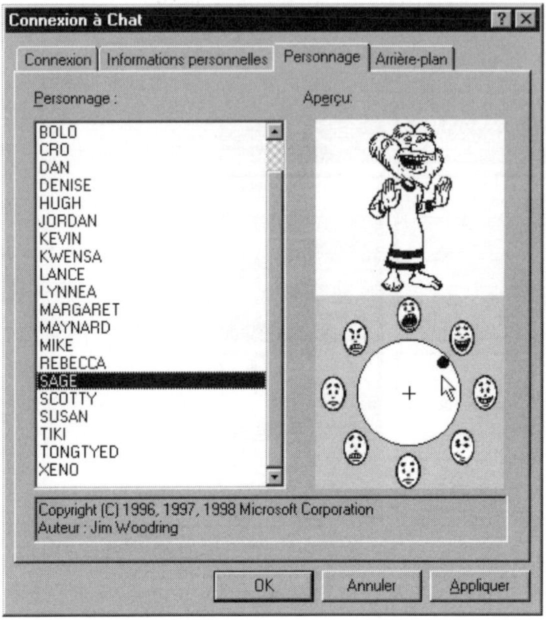

Figure 5.2. Sélectionnez votre personnage.

5. Cliquez sur l'onglet *Arrière-plan* et sélectionnez celui qui vous convient (figure 5.3).

6. Cliquez sur *OK*. Si le serveur refuse votre pseudonyme parce qu'il est déjà utilisé ou contient des caractères interdits, tapez-en un autre.

7. Après quoi un message du jour est affiché. Prenez-en connaissance et fermez-le.

8. La fenêtre de chat apparaît. Tapez votre texte dans la zone du bas et appuyez sur la touche *Entrée*. Il réapparaît en haut dans une illustration de bande dessinée (figure 5.4).

Figure 5.3. Choisissez votre arrière-plan.

Figure 5.4. C'est un bon début !

Vous pouvez tout modifier à tout moment

Vous pourrez à tout moment changez ces déclarations en cliquant sur le menu Affichage, puis sur sa commande Options. Une fenêtre comportant davantage de volets s'affiche.

Connectez-vous à un serveur

Voici comment se connecter à un serveur de chat, de façon plus générale et complète :

1. Etablissez une connexion Internet via votre modem ou un réseau local.
2. Cliquez sur le bouton *Démarrer*, pointez *Programmes*, puis *Internet Explorer*, et cliquez sur *Microsoft Chat*.
3. Dans la boîte de dialogue *Connexion* qui apparaît alors, tapez ou sélectionnez le nom du serveur de conversation ou du réseau de conversation dans la zone *Serveur*.

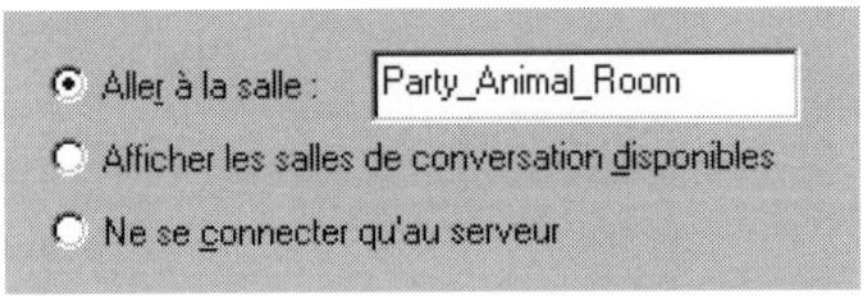

Figure 5.5. Sélectionnez la méthode de connexion.

4. Sélectionnez la méthode de connexion au serveur dans la même fenêtre (figure 5.5) :
   - pour vous rendre directement dans une salle de conversation particulière, cliquez sur *Aller à la salle* et tapez le nom de la salle de conversation ;

- pour sélectionner une salle de conversation à partir d'une liste des salles disponibles sur le serveur, cliquez sur *Afficher les salles de conversation disponibles* ;
- pour vous connecter à un serveur, mais ne vous joindre que plus tard à une salle de conversation, cliquez sur *Ne se connecter qu'au serveur*.

Si vous utilisez Chat pour la première fois, vous devez fournir les informations vous concernant, le choix de votre personnage ainsi qu'un arrière-plan de BD dans les autres onglets de la boîte de dialogue *Connexion à Chat*.

Changer de salle

Si Microsoft Chat est déjà ouvert, vous pouvez cliquer sur le menu Salle, puis sur Connecter pour vous connecter à un serveur de conversation.

Envoyez un aparté

Vous pouvez envoyer ou recevoir des messages en aparté. Pour envoyer un aparté à un autre participant :

1. Dans la liste des participants, sélectionnez les personnes auxquelles vous souhaitez envoyer un aparté. Pour sélectionner plusieurs noms, maintenez la touche *Ctrl* enfoncée pendant que vous cliquez.
2. Dans la zone de texte située en bas de la fenêtre, tapez votre message, puis cliquez sur le bouton *Aparté*. Votre message s'affiche uniquement sur l'écran des correspondants sélectionnés.

La réception d'un aparté vous est annoncé par un son ; cliquez sur l'icône *Aparté* pour l'afficher dans une fenêtre spéciale.

Recherchez d'autres participants

Pour rechercher d'autres participants à votre conversation :

1. Cliquez sur le menu *Participant*, puis sur *Liste des utilisateurs.*
2. Dans la zone *Rechercher*, spécifiez ce que vous recherchez. Pour affiner la recherche, vous pouvez taper le texte à rechercher dans la zone *Noms contenant.*
3. Cliquez sur *Mettre à jour la liste.*

Pour inviter d'autres personnes dans une salle, cliquez sur le menu *Participant*, puis sur la commande *Inviter*. Tapez le surnom des personnes que vous souhaitez inviter dans la salle de conversation.

Les possibilités sont extrêmement nombreuses, dans la mesure ou Chat constitue un programme complet en soi : nous n'avons fait que les effleurer pour vous mettre en mesure de démarrer.

Ignorer une personne

Pour ignorer une personne, faites un clic droit sur elle dans la liste des participants, puis cliquez sur Ignorer. Les messages de cette personne ne s'afficheront plus. Les autres participants de la salle de conversation, en revanche, les verront toujours.

Personnalisez le texte de la BD

Vous pouvez modifier l'apparence du texte figurant dans les bulles de BD de diverses manières :

- *Changer la police de la BD* : cliquez sur l'icône *Police*, dans la barre d'outils, puis sélectionnez la police, la taille, le style, la couleur, etc.

- Ou bien encore :
  - Vérifiez que vous travaillez en mode BD (dans le menu *Affichage*, l'option BD doit être sélectionnée).
  - Cliquez sur le menu *Affichage*, puis sur *Options*.
  - Dans le volet *Affichage de la B.D.*, cliquez sur *Changer la police*.
  - Cliquez sur la police et les autres paramètres désirés.
- *Formater le texte d'un message* : dans votre message, sélectionnez le texte à formater, puis utilisez les icônes de la barre d'outils de format. Ou bien encore, exploitez une ou plusieurs des commandes du menu *Format*. Vous appliquerez les effets suivants : *Couleur* (choisissez à partir de la palette), *Gras, Italique, Souligné, Police non proportionnelle, Police Symbole* (Symbole)
- Afficher le texte de la BD au format RTF (texte riche) :
  - Vérifiez que vous êtes en mode BD (dans le menu *Affichage*, l'option BD doit être sélectionnée).
  - Cliquez sur le menu *Affichage*, puis sur *Options*.
  - Cliquez sur l'onglet *Affichage de la B.D.*, et cochez la case *Afficher la mise en forme texte enrichi*.
- N'afficher que le texte en supprimant les images : cliquez sur l'icône *Afficher en mode texte*.

Envoyer une expression sans texte

Pour envoyer une expression de personnage de BD sans parler, sélectionnez cette expression dans la palette des émotions (faites glisser le point noir sur une émotion), faites un clic droit sur cette émotion, puis cliquez sur Envoyer expression. L'expression s'affiche dans le panneau de BD.

Changez ou quittez une salle

En cours d'échange, vous pouvez entrer dans une nouvelle salle de discussion :

1. Cliquez sur l'icône *Liste des salles de conversation.*
2. Faites un double clic sur une autre salle.

Les nouvelles salles s'ajoutent dans le bandeau de tête. Cliquez sur celle que vous voulez afficher.

Il est de bon ton de saluer, lors de l'entrée dans une salle, et de prendre congé lorsque vous vous apprêtez à en sortir, bien que cela ne soit pas obligatoire.

Pour quitter une salle, au choix :

- Cliquez sur le menu *Salle*, puis sur *Quitter la salle.*
- Cliquez sur l'icône *Quitter la salle.*

Après avoir quitté la salle, vous restez connecté au serveur de conversation.

Si vous voulez établir une nouvelle connexion :

1. Cliquez sur le menu *Fichier*, puis sur sa commande *Nouvelle connexion.*
2. Sélectionnez votre nouveau salon dans la liste.
3. Cliquez sur le bouton *Aller à.*

Créez votre propre salle de conversation

Si vous ne trouvez pas la salle de conversation dont vous rêvez, il est facile de créer et d'héberger votre propre salle. Cela vous permet de décider des thèmes qui y sont abordés, d'en contrôler l'accès et d'en limiter le nombre de participants, ce qui ouvre la voie à beaucoup d'autres applications. Vous pouvez même exclure ou frapper d'interdiction les participants jugés perturbateurs ou tenant des propos déplacés !

Créer une salle de conversation

Pour créer une salle de conversation :

1. Cliquez sur le menu *Salle*, puis sur *Créer une salle*.
2. Tapez le nom de la salle.
3. Facultatif : vous pouvez aussi taper une description du thème de conversation de votre salle dans la zone *Rubrique*. La description du thème apparaît dans la boîte de dialogue *Liste des salles de conversation*, à côté du nom de la salle.

Vous devenez automatiquement l'hôte de toute salle que vous créez (la puissance invitante).

Personnaliser votre salle de conversation

Pour personnaliser votre salle de conversation, et ce, à la condition que vous en soyez l'hôte :

1. Cliquez sur le menu *Salle*, puis sur *Propriétés de la salle*.
2. Sélectionnez les propriétés souhaitées.

Interdire l'accès à une salle de conversation

Pour interdire l'accès d'une salle de conversation à une personne quelconque, et ce, définitivement (jusqu'à ce que vous annuliez cette interdiction) :

1. Dans la liste des participants, sélectionnez la personne à laquelle vous voulez interdire l'accès.
2. Cliquez sur le menu *Participant*, pointez *Hôte*, puis cliquez sur *Interdire l'accès/ Réadmettre*.

Seul, un hôte d'une salle de conversation peut en interdire l'accès. Si les participants quittent la salle, mais que quelqu'un la recrée, la liste des interdictions d'accès est effacée.

Exclure temporairement quelqu'un

Pour exclure momentanément un participant d'une salle de conversation :

1. Dans la liste des participants, sélectionnez la personne à exclure.
2. Cliquez sur le menu *Participant*, pointez *Hôte*, puis cliquez sur *Exclure*.
3. Dans la zone *Pourquoi excluez-vous (surnom)?*, écrivez le motif de cette exclusion. Il sera visible aux autres participants de cette salle.

Chapitre 6

ENGRANGEZ DE LA MUSIQUE, DES JEUX, DES UTILITAIRES AVEC FTP

Une immense collection de documents les plus divers se trouve sur le Net. Il s'agit aussi bien de documents relatifs à la vie courante, à l'histoire, aux sciences, aux jeux, au multimédia, au cinéma, que de fichiers informatiques, de programmes, de pilotes, d'économiseurs d'écran, etc.

Beaucoup sont totalement gratuits. D'autres sont des sharewares, *des programmes que vous mettez à l'épreuve et dont vous ne réglez le prix convenu, souvent très modique, qu'après les avoir librement expérimentés pendant un temps limité.*

Pour cela, vous devez les télécharger, ce qui ne demandera généralement que quelques minutes pour les petits fichiers (jeux, images, etc.).

Le service permettant un tel téléchargement s'appelle FTP, pour File Transfer Protocole. *Souvent, vous passerez par lui, mais sans même vous en rendre compte.*

Freeware et sharewares

Le service spécialisé de téléchargement de fichiers est appelé *FTP*, pour *File Transfer Protocol*, protocole de transfert de fichiers. Ces fichiers peuvent être des programmes informatiques, des utilitaires, des gestionnaires, des jeux, des images, des bandes musicales ou vidéo, ou des documents les plus divers.

Nombre de ces fichiers sont parfois libres et gratuits, d'autres sont payants. On distingue ici particulièrements ces deux grandes catégories que sont les *sharewares* et les *freewares*.

Freewares

Un logiciel en *freeware* est un programme protégé par des droits d'auteur, mais dont l'usage est totalement gratuit. Toutefois, leur auteur peut imposer certaines règles d'utilisation. Par exemple :

- L'utilisateur n'a pas le droit de modifier le logiciel.
- Le programme ne peut être distribué que dans sa forme originale, non remaniée, et sous la signature de son seul auteur.
- Il est interdit de le revendre, car seule sa diffusion gratuite est autorisée.

Sharewares

Un programme en *shareware* est un logiciel distribué gratuitement en un premier temps, afin que vous puissiez d'abord l'essayer tranquillement sur votre ordinateur. Vous avez droit à une période convenue libre, ou plutôt imposée par son créateur, par exemple un mois.

Si vous l'appréciez et souhaitez le conserver à titre permanent, vous devrez régler une somme forfaitaire généralement modeste, à son auteur. Sinon, il vous faudra le supprimer de votre machine. Notez que :

- Le plus souvent, vous avez le droit d'en faire des copies et de les transmettre autour de vous, mais vous ne pouvez pas vous faire payer pour cela.
- Les fichiers et les programmes en shareware sont protégés par des droits. Vous ne pouvez les copier et les utiliser qu'aux conditions définies par leur auteur.

- Les conditions d'acquisition, le mode de règlement et les avantages que vous pourriez retirer d'un achat sont inclus dans une page spéciale du logiciel que vous n'aurez aucun mal à trouver. Le plus souvent, le concepteur du programme vous la présentera sinon systématiquement, du moins à la fin de la période d'essai.

Pour l'utilisateur, l'avantage des sharewares est évident : vous essayez le logiciel avant de l'acheter, dans votre environnement propre, sans débourser quoi que ce soit au préalable. Son prix est réduit, car les frais de distribution ont été ramenés au minimum. L'auteur bénéficie également d'un contact direct avec ses utilisateurs et, souvent, améliore son produit en fonction des critiques reçues.

Comment télécharger des fichiers

Pour télécharger le fichier qui vous intéresse, vous pouvez soit vous adresser à son site FTP, soit passer par un site Web classique. En effet, l'usage direct de sites FTP restant assez ingrat, les sites Web ont mis au point une stratégie qui rend le passage par FTP transparent.

Par exemple, vous avez besoin de récupérer un logiciel, une mise à jour d'un pilote de périphérique, un fichier son :

1. Rendez vous sur le site Internet de l'éditeur ou de la société qui en dispose (par exemple, Microsoft).
2. Trouvez l'écran offrant le téléchargement ; ce dernier vous guidera très naturellement.
3. Respectez ses consignes ; vous serez amené, sans même vous en rendre compte, vers une passerelle FTP invisible.
4. Le téléchargement s'effectuera alors depuis le site FTP que vous continuerez à ignorer.

La démonstration la plus simple consiste à passer par le site Internet français de Microsoft ; quelle que soit l'époque, vous y trouverez certainement des offres de téléchargement ou de mise à jour gratuites. Par exemple, pour mettre Windows 98 à jour, vous vous connecterez à :

`http://windowsupdate.microsoft.com/`

Laissez-vous alors guider par l'écran pour procéder à la mise à jour (figure 6.1).

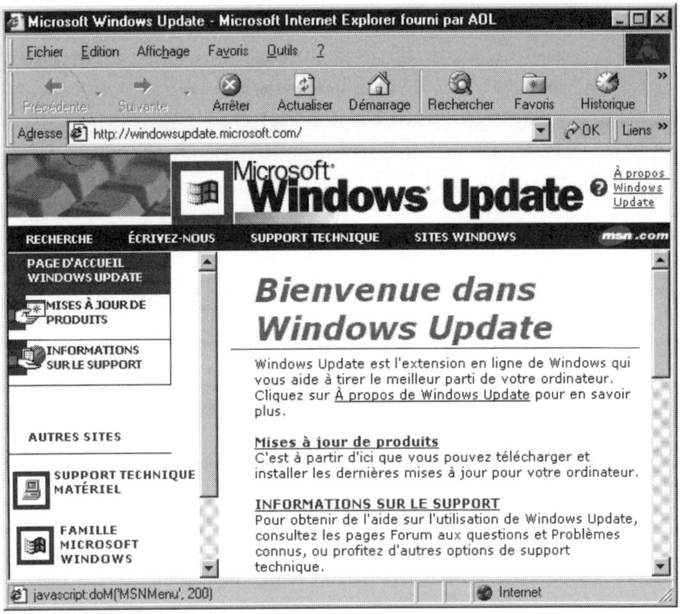

Figure 6.1. Site Microsoft de mise à jour de Windows 98.

Adresse des sites FTP

L'adresse d'un site FTP commence par l'énoncé de ce protocole. Par exemple, le site FTP de Microsoft est :

`ftp://ftp.microsoft.com`

Son écran apparaît, des plus austères (figure 6.2), ce qui est très caractéristique de tous les sites FTP qui ignorent les beaux écrans d'accueil traditionnels sur le Web.

Un autre site FTP célèbre est :

ftp://sunsite.unc.edu/pub/

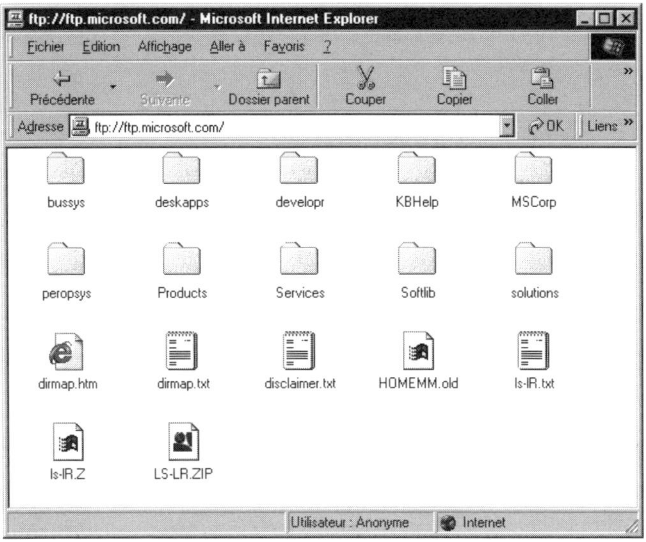

Figure 6.2. Site FTP de Microsoft.

L'écran des sites FTP est donc généralement ingrat et ne comporte aucune fioriture ; il se contente de lister des noms de dossiers et de fichiers.

Vous devez savoir ce que vous recherchez : à vous de vous orienter dans ce qui ressemble souvent à un labyrinthe de dossiers et de sous-dossiers emboîtés, les uns dans les autres ; notez quand même que leurs niveaux sont généralement systématiquement et très correctement rappelés en tête des pages que vous affichez.

Consultez toujours, pour commencer, des fichiers tels que *index.txt, dirmap.txt, dirmap.html* et autres de ce type qui pourront vous guider.

Il vous suffira ensuite de naviguer dans chaque arborescence des écrans successifs pour y trouver les fichiers adéquats et les transférer sur votre ordinateur, par exemple en effectuant un simple *Glisser/Déposer* avec la souris.

Sites anonymes et sites miroirs

Les sites FTP possèdent des caractéristiques qui leur sont très particulières. En voici deux très importantes.

Nombre de ces sites sont connus sous le nom de *sites anonymes FTP* (*anonymous FTP sites*). Un site *anonyme* est un site sur lequel vous pouvez vous connecter librement, sans abonnement ni enregistrement quelconque préalable.

Si le site anonyme demande votre identité

Parfois, le site anonyme vous demandera de décliner votre identité ; dans ce cas, spécifiez anonymous comme nom d'utilisateur et votre adresse de messagerie à la place d'un mot de passe. Vous avez alors accès au site ou à ce qu'il vous autorise à consulter.

Existe-t-il des sites non anonymes ? Oui, car nombre de sociétés créent des sites destinés exclusivement à leurs collaborateurs. Pour accéder à des sites non anonymes, vous devez ouvrir un abonnement et disposer d'un mot de passe réel. C'est pourquoi, dans ce chapitre, nous n'allons traiter que des sites anonymes.

Une autre notion importante est celle de *site miroir*. Voici, d'abord, la raison d'être d'un tel site. Supposons qu'un site FTP inscrive à son programme un nouveau logiciel très demandé. Ce dernier est volumineux, ce qui demandera à un utilisateur connecté deux heures de téléchargement via un modem, par exemple.

Un certain nombre d'utilisateurs se connectent aussitôt à ce site et commencent à télécharger son logiciel. Mais la capacité d'accueil du site FTP est forcément limitée, son ordinateur serveur ne pouvant accueillir qu'un nombre peut-être important mais non extensible de communications simultanées. Les utilisateurs qui se présentent alors que le site FTP est saturé doivent donc attendre des heures et des heures que des places se libèrent, ce qui mène à un jeu pénible de déconnexion, puis de reconnexion.

Voici donc l'exposé des motifs, la solution paraissant alors évidente : lorsqu'un site FTP redoute d'être surchargé, il copie son contenu à l'identique dans d'autres sites dits *miroirs*. Vous pouvez vous y connecter pour obtenir rigoureusement la même chose que sur le site d'origine.

Comment pouvez-vous savoir s'il existe des sites miroirs et où ils se trouvent ? Vous n'avez pas à vous en soucier : lorsque vous demandez le téléchargement d'un fichier en passant par un site Web servant d'interface au site FTP, ce dernier vous présente la liste des sites miroirs disponibles. Vous choisirez celui que vous voulez, parfois au hasard, mais pas toujours.

Conseil

Choisissez le site miroir géographiquement le plus proche de votre ordinateur, ou plus exactement de l'ordinateur de votre serveur Internet, celui de votre fournisseur d'accès, si tel est le cas. Si ce dernier se trouve à Paris, sélectionnez un site miroir situé à Paris, ou en France, ou en Europe, de préférence au site de San Francisco.

Méfiez-vous d'une sorte de piège, par exemple, avec AOL, le principal fournisseur mondial d'accès : son ordinateur serveur est situé aux Etats-Unis. Cela signifie que lorsque vous vous connectez à AOL en France, par exemple, toutes vos requêtes sont basculées vers le serveur américain du groupe qui les traite, et ce, via une ligne directe tellement rapide que cela ne vous pénalise pas, bien au contraire, souvent. Mais en tout état de cause, mieux vaut alors sélectionner un site miroir américain plutôt qu'européen.

Douze conseils pour bien télécharger

Voici douze conseils pour exécuter un téléchargement :

1. Ouvrez un dossier spécial qui recevra le fichier téléchargé, si vous ne décidez pas de son installation automatique dans la foulée. L'intérêt est le suivant : avant de procéder à l'installation, vous pouvez faire une copie de sauvegarde de ce fichier.

2. Si le choix vous est offert, sélectionnez le site miroir de téléchargement le plus proche de votre ordinateur ou du serveur de votre fournisseur d'accès.

3. Si le programme à télécharger tourne sous plusieurs systèmes d'exploitation, sélectionnez bien celui avec lequel vous travaillez.

4. Choisissez soigneusement les options : vous pouvez télécharger un programme complet, y compris avec des options dont vous n'aurez pas l'usage, ou uniquement ce dont vous avez besoin. Le téléchargement sera plus rapide.

5. Si vous optez pour une version minimale, le site vous offrira très certainement la possibilité de la compléter par la suite.

6. Choisissez bien le moment du téléchargement : souvent, mieux vaut télécharger un fichier le matin, en France, quand les internautes Américains dorment encore.

7. Si un site de téléchargement répond mal ou trop lentement, ne vous entêtez pas. Essayez un autre site, relancez la connexion ou changez d'heure.

8. Le fichier que vous téléchargez est généralement compacté, pour qu'il occupe moins de place et mobilise moins de temps de transfert. Décompressez-le :

   - Si le fichier est un .EXE, faites un double clic dessus, dans la fenêtre de l'Explorateur Windows.

- S'il possède une autre extension, essayez quand même le double clic : il est possible que l'un des logiciels de décompactage que vous avez installés sur votre machine le reconnaisse et procède à cette opération.
- Sinon, vous devez lancer vous-même le logiciel de décompactage. Si, vous ne possédez pas le bon programme de décompactage, recherchez-le sur Internet et téléchargez-le en tout premier lieu.

9. Installez le programme, s'il ne s'est pas installé automatiquement. Pour cela, lancez un fichier INSTALL.EXE ou SETUP.EXE. Désignez le dossier cible, différent du dossier de téléchargement. Pour installer une police de caractères, faites intervenir soit Windows (polices TrueType), soit ATM (polices PostScript). Pour installer des séquences particulières, respectez le mode d'emploi préconisé par le site.
10. Fuyez l'installation de vos programmes dans le répertoire racine du disque. Utilisez toujours des sous-dossiers thématiques.
11. Vérifiez immédiatement que le programme fonctionne correctement.
12. Supprimez l'archive et le résultat du décompactage en effaçant purement et simplement le contenu du dossier spécial qui a servi à cet effet si vous devez récupérer de l'espace disque.

Cherchez des fichiers à télécharger

Il reste quand même un problème à résoudre : vous avez besoin d'un fichier précis, mais vous ne savez pas où il se trouve. Un très grand nombre de serveurs FTP anonymes sont opérationnels sur Internet. Plusieurs milliers d'entres eux diffusent plusieurs millions de fichiers. Comment s'y retrouver ? De nouveau, c'est le Net qui va vous dépanner.

D'abord, vous pouvez lancer une recherche, ainsi que vous l'avez appris dans le chapitre consacré au Web. Mais vous devez aussi savoir que plusieurs services spécialisés de recherche des sites FTP existent sur le Net ; l'un des plus connus est certainement *Archie*. Il propose une réponse fondée sur la connaissance (même imparfaite) des noms de fichiers à rechercher. Connectez-vous à une adresse telle que :

`http://archie.rutgers.edu/archie.html`

Un autre site très connu est Shareware (le nouveau nom du site *Virtual Software Library*), dont l'URL est :

`http://www.shareware.com/`

Nombre de sites permettent de trouver des logiciels en français, par exemple Anshare, à :

`http://www.anshare.com/`

Si, en revanche, vous cherchez des sites FTP, une bonne adresse est :

`http://hoohoo.ncsa.uiuc.edu/ftp/`

La page d'accueil de ce site annonce une liste *monstre* de sites FTP. Vous pouvez cliquer sur l'une des séries annoncées dans cette fenêtre pour lister les sites qu'elle comprend.

Chapitre 7

EXPLOITEZ L'AUDIO ET LA VIDÉO

Un progrès énorme a été fait lorsque l'audio et la vidéo ont trouvé place sur Internet. Ils font partie de ce que l'on nommme multimédia. *Ils se manifestent sous plusieurs formes, sur les sites Web ou via la téléconférence et la vidéoconférence.*

Pour Microsoft Internet Explorer, c'est le programme NetMeeting (meeting sur le Net) qui permet de tenir une conférence entre des interlocuteurs distants. Celle-ci se déroule fondamentalement par écrit, mais elle peut aussi s'effectuer en audio et même prendre la forme d'une vidéoconférence si vous êtes équipé d'une caméra vidéo.

Activez les haut-parleurs

Pour écouter des fichiers audios, vous devez être équipé d'une carte son et de haut-parleurs. Il vous faut mettre ces derniers en service ; par la suite, vous ajusterez le volume sonore à la demande. Pour activer les sons :

1. Faites un double clic sur l'icône du haut-parleur qui apparaît dans la barre des tâches de Windows, près de l'horloge (figure 7.1), ou sur toute autre icône gérant les sons.
2. La fenêtre de gestion des sons *à la reproduction* (et non à l'enregistrement) s'affiche (figure 7.2).

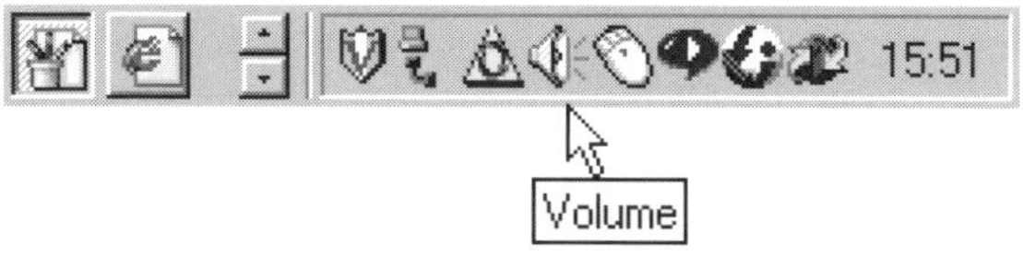

Figure 7.1. Icône type du haut-parleur.

Figure 7.2. Exemple de pupitre de commande pour les sons.

3. Vérifiez bien que les cases suivantes, pour le moins, ne sont pas cochées ; sinon, décochez-les :
   - *Tous muets.*
   - *Son.*

Vous voici prêt à écouter des fichiers audio.

Expérimentez les sons via France Info

Beaucoup de sites, sur le Web, transmettent des sons ou de la musique. Un bon exemple en est donné par la radio France Info que vous pouvez joindre via l'URL :

`http://www.radio-france.fr/`

Cliquez sur le lien *France-Info* pour afficher la fenêtre de la figure 7.3. Dans cette dernière, cliquez sur l'un des liens *France-Info en direct,* puis sélectionnez l'émission désirée et laissez-vous guider par l'écran : vous allez écouter les informations comme à la radio.

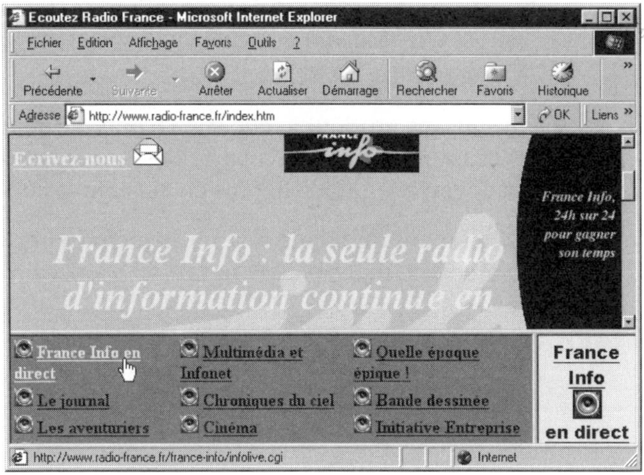

Figure 7.3. France Info propose des émissions en direct.

Figure 7.4. Lecteur Real Player, de la société RealAudio, au cours de la réception d'un flash de France Info.

France Info fait automatiquement démarrer le lecteur *Real Player*, de RealAudio, s'il est installé sur votre machine, ou encore Media Player, de Microsoft. Vous écoutez, pendant une minute et demie, la durée du bulletin, les informations comme à la radio. Un pupitre de commande (figure 7.4), dont les commandes sont évidentes montre la progression du document. Ajustez le volume sonore comme vous le faites habituellement, au choix :

- Via le pupitre de RealAudio.
- En faisant un double clic sur l'icône du haut-parleur que Windows place dans la barre des tâches, près de l'horloge (revoyez la figure 7.2), puis en ajustant le curseur du son.
- En cliquant une seule fois sur la même icône pour afficher le mode de réglage de la figure 7.5. Déplacez le curseur.

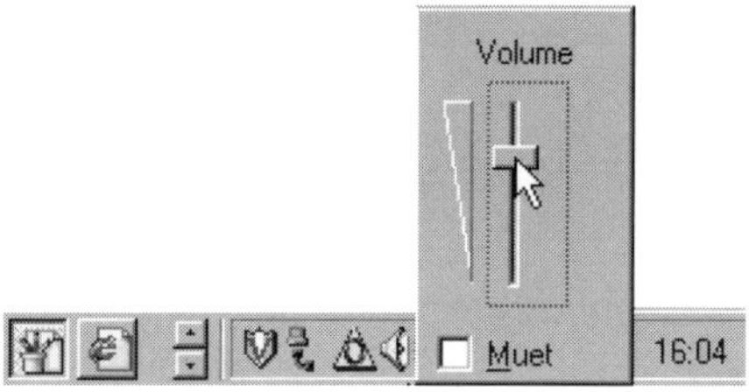

Figure 7.5. Le réglage des sons via l'icône du haut-parleur.

Media Player, l'outil universel audio et vidéo

Microsoft a développé un outil spécifique très puissant pour gérer les sons, les animations et la vidéo : Windows Media Player. C'est un lecteur universel utilisé pour la réception de fichiers audio, vidéo et multimédias dans la plupart des formats courants. Il permet d'écouter ou de visionner en direct des bulletins d'informations ou des émissions, de regarder un clip musical sur un site Web, d'assister à des concerts ou à des séminaires, ou encore de découvrir en avant-première quelques extraits d'un nouveau film.

La figure 7.6 le montre pendant l'exécution de la bande annonce du film *Age of Empires*.

Figure 7.6. Un extrait du film Age of Empires.

Pour lancer Media Player, cliquez sur le bouton *Démarrer*, sur *Programmes*, sur *Accessoires*, sur *Divertissement*, et enfin sur *Windows Media Player*. Il serait automatiquement ouvert par une séquence faisant appel à ses services.

Lisez des fichiers multimédias

Pour lire un fichier multimédia, il suffit de cliquer sur un lien d'une page Web pointant vers le contenu que vous souhaitez lire, ou de double-cliquer sur un fichier multimédia ou une icône dans l'Explorateur Windows ou sur votre bureau.

Si vous connaissez l'URL ou le chemin d'un fichier multimédia à flux continu ou autre :

1. Cliquer sur le menu *Fichier*, puis sur sa commande *Ouvrir*.
2. Tapez l'URL ou le chemin d'accès. Ou alors, cliquez sur *Parcourir* pour rechercher le fichier voulu.

En pratique, vous accédez à la plupart des fichiers de flux continu en cliquant sur un lien dans une page Web. Le menu *Favoris* de la fenêtre de Media Player comprend plusieurs liens prédéfinis vers des pages Web proposant un contenu intéressant. Mais vous pouvez accéder à un nombre plus important encore de fichiers en cliquant sur le bouton *Chaînes* dans sa barre de navigation.

Préparez une téléconférence

La téléconférence est gérée par le programme NetMeeting. La première opération consiste à configurer ce dernier afin de pouvoir l'utiliser. Faites appel à l'assistant spécialisé, l'assistant de configuration ; il se présentera d'ailleurs de lui-même lors du premier appel du programme.

Avant de lancer NetMeeting, connectez votre équipement audio et vidéo s'il y a lieu. Le programme le détectera automatiquement.

Pour lancer NetMeeting, cliquez sur le bouton *Démarrer*, sur *Programmes*, sur *Internet Explorer*, puis sur *Microsoft NetMeeting*. Le premier écran de l'assistant s'affiche. Laissez-vous guider par lui.

Après cette indispensable étape de configuration, vous pouvez commencer à travailler. L'écran de NetMeeting présente l'aspect de la figure 7.7 lorsqu'aucune connexion n'est établie. Plusieurs jeux d'icônes sont à votre disposition.

L'écran risquant d'être fortement encombré, une barre d'outils spéciale a été prévue. Windows l'implante dans la barre des tâches, près de l'horloge. Pour l'afficher, cliquez sur l'icône NetMeeting, située dans la zone d'état de la barre des tâches ; la figure 7.8 montre ces icônes.

Cette barre est utile lorsque vous souhaitez réduire NetMeeting pour libérer de la place en vue d'afficher à l'écran une application partagée, le *Tableau blanc* ou la fenêtre *Conversation*, tout en disposant des commandes NetMeeting nécessaires.

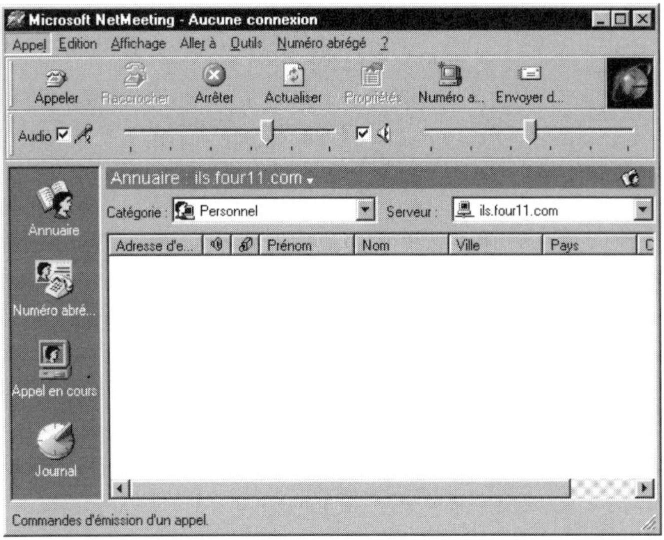

Figure 7.7. Ecran de NetMeeting.

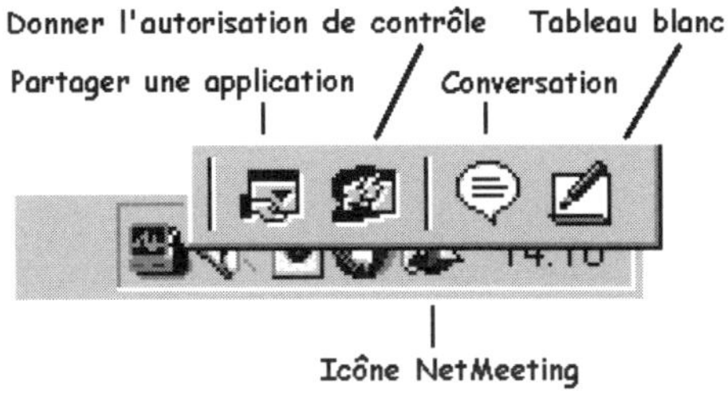

Figure 7.8. Barre d'outils d'accès rapide.

Etablissez la communication

Voici l'une des méthodes, celle de base, permettant d'établir une communication (nous vous présenterons les autres par la suite) :

1. Vérifiez que vous êtes bien connecté.

2. Ouvrez NetMeeting.
3. Cliquez sur l'icône *Annuaire* pour lister les correspondants en ligne à ce moment.
4. Cliquez sur la liste déroulante *Catégorie* et sélectionnez-en une pour réduire l'affichage (la liste peut être importante, et par conséquent, longue à charger).
5. Cliquez sur un nom de correspondant pour le sélectionner.
6. Cliquez sur l'icône *Appeler*, la première de la barre d'outils. Une sonnerie retentit chez le correspondant et un message l'alerte. Il peut accepter ou refuser la communication.
7. Cliquez sur l'icône *Conversation* dans la barre d'outils d'accès rapide. La fenêtre spécifique de conversation écrite apparaît (figure 7.9).

Figure 7.9. La fenêtre de conversation écrite.

8. Tapez votre message dans le cadre *Message* et appuyez sur la touche *Entrée*. Il réapparaît dans le cadre supérieur.
9. La réponse de votre interlocuteur s'affiche dans ce même cadre.
10. Pour terminer , cliquez sur l'icône *Raccrocher*.

Plusieurs participants peuvent ainsi converser simultanément. Vous pouvez également exploiter le *Tableau blanc* et les autres options offertes par NetMeeting.

Configurez l'audio et la vidéo

Si votre configuration comprend une carte son avec ses haut-parleurs et un microphone, vous pouvez deviser de vive voix. Si, en outre, vous possédez une caméra dirigée sur vous, votre correspondant vous verra sur son écran ; l'inverse est vrai : si votre correspondant dispose d'une caméra, vous le verrez, même si vous n'en possédez pas.

Pour configurer ces possibilités :

1. Cliquez sur le menu *Outils*, puis sur sa commande *Options*.
2. Cliquez sur l'onglet *Audio*.
3. Vérifiez que la case d'activation du mode audio en duplex est bien cochée (si votre carte audio supporte ce mode). Vous pourrez ainsi parler simultanément, et non à tour de rôle. Ajustez les autres paramètres selon les besoins.
4. Cliquez sur l'onglet *Vidéo* et configurez les options selon les particularités de votre système et vos désirs.
5. Cliquez sur *OK* pour terminez ces déclarations.

Communiquez en audio et vidéo

Une fois le système configuré, aucune opération supplémentaire n'est requise pour dialoguer en audio ou en vidéo :

- La vidéo s'affiche dans des cadres spéciaux (figure 7.10). Vous pouvez en modifier la taille via leur menu contextuel et la commande *Taille de la fenêtre*, et les déplacer.

- Si vous ne disposez que d'une carte son semi-duplex, une seule personne peut intervenir à un instant donné.
- L'audio et la vidéo ne peuvent fonctionner qu'entre deux interlocuteurs simultanément. Pour passer à un autre :
  - Cliquez sur le menu *Outils.*
  - Cliquez sur sa commande *Basculer audio et vidéo.*
  - Sélectionnez un autre correspondant.
- Pour stopper l'envoi de l'audio et de la vidéo à un correspondant, cliquez sur l'icône audio ou vidéo affichée près de son nom dans la liste des correspondants ; un menu apparaît : sélectionnez la commande appropriée.

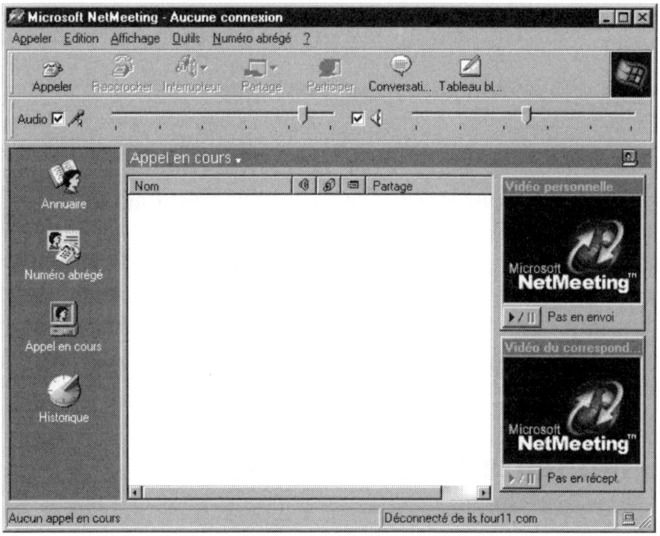

Figure 7.10. Exemple de cadre vidéo pour les images envoyées par le correspondant.

Chapitre 8

Quelques problèmes avec leurs solutions

Il se peut que vous rencontriez des problèmes en surfant sur Internet et en utilisant ses divers services. Voici quels sont les principaux prévisibles et quels remèdes leur apporter.

L'éthique sur le Net

Internet est un vaste espace de liberté qui n'est régenté par aucune autorité. Curieusement, il n'existe, en effet, aucune structure hiérarchique capable de réglementer le réseau qui reste totalement libre. Vous n'y trouverez aucune autorité ayant compétence et pouvoir de décision. Il n'existe que des structures de conseils et de normalisation. Comment serait-il possible de légiférer sur ce qui circule sur un réseau téléphonique ?

Cette liberté absolue a contribué au succès d'Internet, mais a eu aussi un effet marginal en révélant de nombreux abus : l'organisation de réseaux de pédophilie, de sexe ou de drogue, la multiplication de sites nazis, extrémistes ou prônant la violence, etc. Nombre de personnes s'y sont aussi précipitées pour assurer leur promotion ou celle de leurs produits, en violant l'intimité des internautes. Bref, tout n'est pas rose, encore qu'il ne s'agisse là que d'exceptions.

C'est ce qui a amené certains gouvernements à tenter de légiférer sur un sujet international aussi complexe qu'il est possible de l'être.

Par ailleurs, diverses procédures de sécurité ont pu être mises en place. Par exemple, vous trouverez dans Internet Explorer un système de protection des enfants, à qui vous pouvez interdire l'accès à certains sites (nous vous en parlons plus loin).

On comprend alors qu'une série de règles de bonne conduite se soit spontanément développée. Elle est appelée *Netiquette,* pour *étiquette sur le Net.* Il en existe de très nombreuses variantes et versions pour tous les cas et tous les temps. Elles répondent généralement à des considérations de bon sens. De très nombreux sites Internet leur sont consacrés, par exemple (figure 8.1 et figure 8.2) :

http://www-inf.enst.fr/~vercken/netiquette/netiquette.html

http://www.sri.ucl.ac.be/SRI/frfc/rfc1855.fr.html

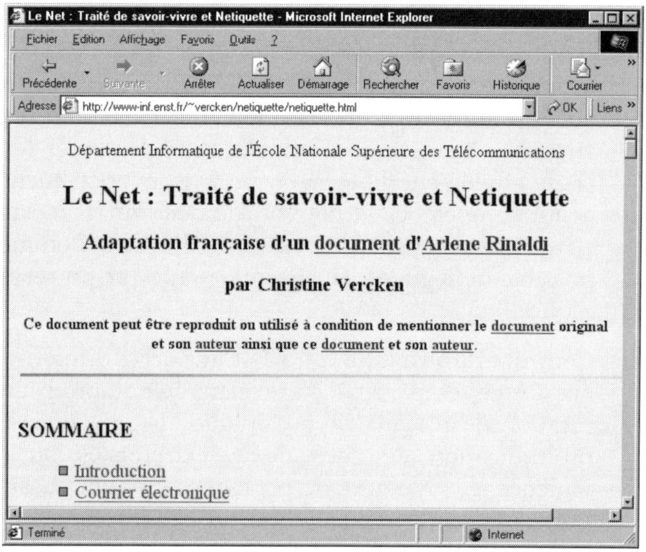

Figure 8.1. L'un des très bons sites traitant de la netiquette, celui de l'ENST.

En introduction, le premier site rappelle que l'accès au réseau n'est pas un droit, mais un privilège. Un usage abusif peut donner lieu à des poursuites ; citons :

- L'utilisation à des fins criminelles.
- La violation de données.

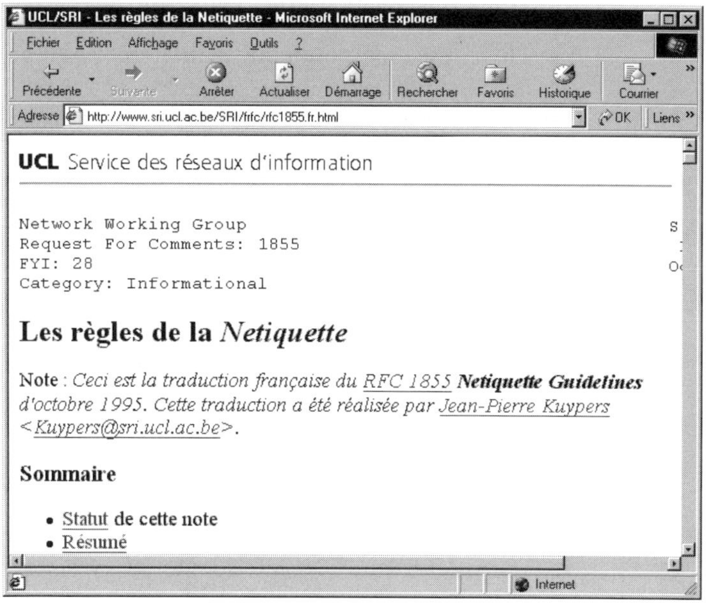

Figure 8.2. Le site UCL, ouvert sur sa page dédiée à la Netiquette.

- L'utilisation de termes racistes, injurieux...
- La diffusion de messages non sollicités en série, ce qu'on désigne par *spam* (un peu comme la publicité indésirable dans votre boîte aux lettres).
- Toute autre utilisation qui conduirait à une congestion inutile du réseau.

Ce même site liste les 10 commandements promulgués par le *Computer Ethics Institute* :

1. Tu n'utiliseras point l'ordinateur pour causer un préjudice à autrui.
2. Tu ne t'immisceras point dans le travail informatique d'autrui.
3. Tu ne fouineras point dans les fichiers d'autrui.

4. Tu n'utiliseras point un ordinateur pour voler.
5. Tu n'utiliseras point un ordinateur pour porter un faux témoignage.
6. Tu n'utiliseras pas ou ne copieras pas un logiciel que tu n'as point payé.
7. Tu n'utiliseras point les ressources d'autrui sans autorisation.
8. Tu ne voleras pas la propriété intellectuelle d'autrui.
9. Tu réfléchiras aux conséquences de ton programme pour l'humanité.
10. Tu n'utiliseras l'ordinateur qu'avec considération et respect pour autrui.

On pourrait encore ajouter ces quelques conseils :

- Considérez que vos interlocuteurs ne sont que des êtres humains et peuvent parfois déraper.
- Redoutez votre propre humour qui peut parfois être mal interprété et blessant.
- Renoncez à une connexion qui n'aboutit pas parce que le réseau est très encombré et tentez votre chance à une heure creuse (s'il en existe !).
- N'expédiez pas votre roman fleuve aux heures de pointe, ni même aux autres, mais indiquez qu'il existe et comment il faut faire pour vous contacter.
- Ne propagez pas de virus ni d'autres produits malfaisants.
- N'usurpez pas une identité.
- Protégez votre confidentialité et votre sécurité.

Danger des virus

Les virus informatiques sont une réalité. Il s'agit de courts programmes informatiques capables de se reproduire et de se propager. Ils exécutent la mission qui leur a été confiée, par exemple l'affichage d'un simple message, ce qui n'est pas grave en soi, ou la destruction des fichiers ou du contenu de votre disque dur, ce qui devient très grave.

Il en existe des milliers qui circulent ainsi, créés et lancés par des informaticiens que nous ne pouvons que juger très sévèrement.

Ils accèdent à votre ordinateur soit via des disquettes déjà infectées, soit par tout moyen de communication que vous mettez en œuvre, et par exemple un réseau ou Internet et sa messagerie électronique.

La simple consultation des pages Web ne comporte aucun risque de contamination. En revanche, le document joint à un message électronique (*mail* ou *news*) peut contenir un virus qui ne devient actif que si vous ouvrez ce message pour en prendre connaissance.

Conseil

N'ouvrez pas un document joint dont vous ne discernez pas bien l'origine ou dont l'origine est douteuse. Attention : certains virus savent emprunter la messagerie de vos correspondants habituels pour vous piéger et vous contaminer.

De même, ne téléchargez que des fichiers dont vous êtes sûrs.

La meilleure précaution consiste encore à installer un programme antivirus sur votre ordinateur. Il agit de diverses façons. Par exemple, il se tapit en mémoire et surveille vos opérations, examinant avant vous les fichiers ou documents joints que vous recevez. Il vous alertera sur la présence d'un virus connu avant que celui-ci ait eu le temps de s'activer.

Sécurité des transactions

Internet est devenu un immense supermarché où l'on peut tout acheter et tout vendre. Oui, mais comment assurer les règlements ? Pouvez-vous, sans risque, confier à Internet le numéro de votre carte de paiement ?

De multiples modes de sécurisation on été mis en place. Parmi eux figurent :

- Le cryptage des messages. Seul, le destinataire qui possède la clé permettant de les décrypter peut les lire.
- L'authentification des ordinateurs serveurs auxquels vous vous adressez. Elle permet de s'assurer qu'un pirate n'a pas substitué son identité à celle du site.
- Votre propre authentification : personne ne pourra usurper votre identité.
- La vérification de l'intégrité des données : elles n'ont pas été piratées et modifiées en cours de route.

Pour toutes ces raisons, il semble que la sécurité soit garantie et aussi bonne que lorsque vous procédez à des achats directement chez un commerçant.

Lorsque vous vous connectez à un site sécurisé, l'écran du navigateur vous l'indique. L'adresse même du site, son URL, prend une tournure différente. Par exemple, l'adresse du site ATT est :

`http://www.att.com`

La version sécurisée de ce site à pour adresse, elle :

`https://www.att.com`

Un petit *s* apparaît, en effet, après http. De plus, la barre d'état du navigateur affiche un verrou ouvert lorsque le site n'est pas sécurisé, fermé lorsqu'il l'est (figure 8.3 et figure 8.4).

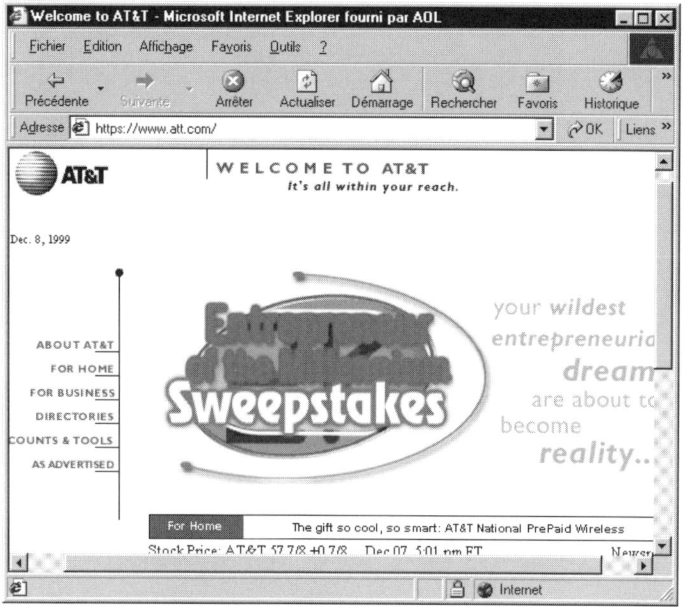

Figure 8.3. Le site sécurisé d'ATT.

Figure 8.4. Le verrou spécifiant que le site est sécurisé.

Lorsque le site est sécurisé, vous pouvez en apprendre davantage : cliquez sur le menu *Fichier*, puis sur sa commande *Propriétés*. La fenêtre qui apparaît confirme que les messages sont cryptés (figure 8.5).

Vous pourriez aussi examiner les certificats qui garantissent l'authenticité du site en cliquant sur le bouton *Certificats*.

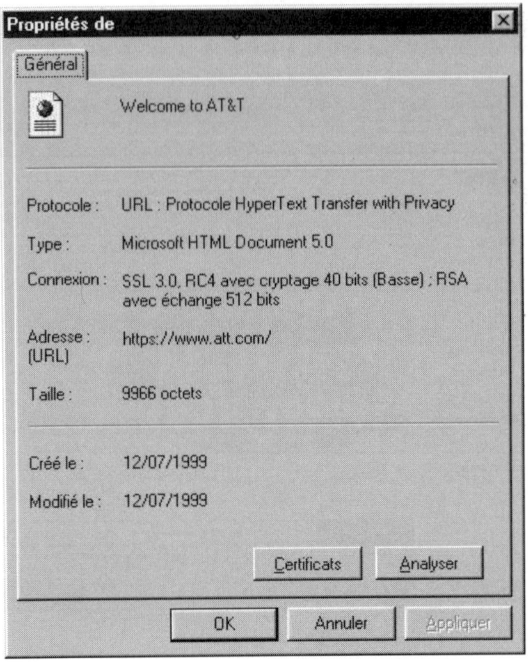

Figure 8.5. Le cryptage est spécifié sur la ligne Connexion.

Sécurité enfants

Certains sites exaltant le sexe, la violence, etc., devraient rester interdits d'accès aux enfants. Plusieurs stratégies sont mises en œuvre à cet effet. L'une d'elles, le système RSAC (*Recreational Software Advisory Council*) appliqué par Microsoft Internet Explorer, permet d'interdire sélectivement l'accès à certains sites :

- Un organisme responsable catégorise les sites en les notant selon un classement type, ou encore les sites se définissent eux-mêmes.

- L'éducateur ou les parents déclarent à l'explorateur les classes ou les niveaux interdits. Ils créent un mot de passe dit *superviseur* qui leur permet, à eux seuls, d'y accéder.

Les sites concernés sont aussi bien des sites Web que FTP ou que les forums.

Quatre classes divisées en cinq niveaux ont ainsi été définis :

1. Langage :
   - Argot inoffensif. Pas de jurons.
   - Jurons très modérés.
   - Gestes obscènes. Injures.
   - Langage grossier ou explicite.
2. Nudité :
   - Aucune nudité.
   - Tenue révélatrice.
   - Nudité partielle.
   - Nudité de face.
   - Nudité de face provocatrice.
3. Sexe :
   - Aucun.
   - Baisers passionnés.
   - Attouchements sexuels sans nudité.
   - Attouchements sexuels non explicites.
   - Activité sexuelle explicite.
4. Violence :
   - Aucune violence.
   - Combats.

- Tueries.
- Tueries sanglantes et détails choquants.
- Violence gratuite et cruelle.

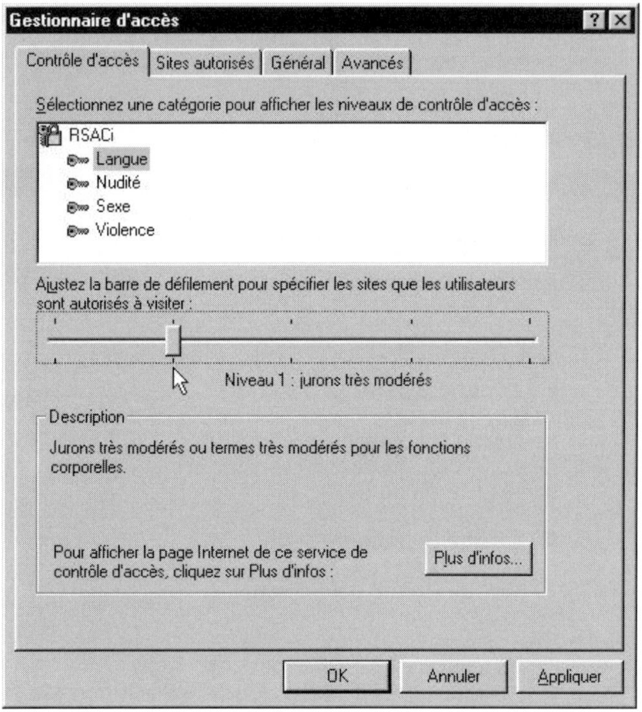

Figure 8.6. Déclarer les niveaux de protection.

Pour mettre en service le contrôle d'accès enfants avec Microsoft Internet Explorer :

1. Cliquez sur le menu *Outils*, puis sur sa commande *Options Internet*.
2. Cliquez sur l'onglet *Contenu*.
3. Dans la zone *Gestionnaire d'accès*, cliquez sur le bouton *Activer*.

4. Sélectionnez l'une des classes et déplacez horizontalement le curseur pour choisir le niveau (figure 8.6).

5. Recommencez avec les autres classes.

6. Cliquez sur *OK* et tapez le mot de passe que vous souhaitez utiliser.

7. Cliquez sur *OK*.

La protection est effective. Hélas, dans l'état actuel des choses, elle n'est guère satisfaisante.

Evitez le courrier indésirable (SPAM)

Le SPAM désigne, en anglais, des messages électroniques indésirables qui envahissent votre boîte aux lettres. En effet, certains internautes récupèrent des adresses Internet et vous envoient leurs messages promotionnels ou simplement prococateurs. Comment s'en débarasser ?

Notez, tout d'abord, que le mot SPAM ne possède aucune signification particulière. Il aurait tout d'abord été utilisé dans un sketch des Monthy Python.

Une bonne méthode consiste à faire le tri du courrier et à indiquer à son programme de gestion que tel courrier doit être refusé, tel autre envoyé immédiatement dans un dossier spécial, etc.

Pour examiner cette possibilité :

1. Ouvrez la boîte de réception du courrier.

2. Cliquez sur son menu *Outils*, puis sur sa commande Règles de message.

3. Cliquez sur la commande *Courrier*. La fenêtre de la figure 8.7 apparaît. Elle permet de spécifier avec précision la nature du courrier indésirable et son orientation, via la définition de règles successives.

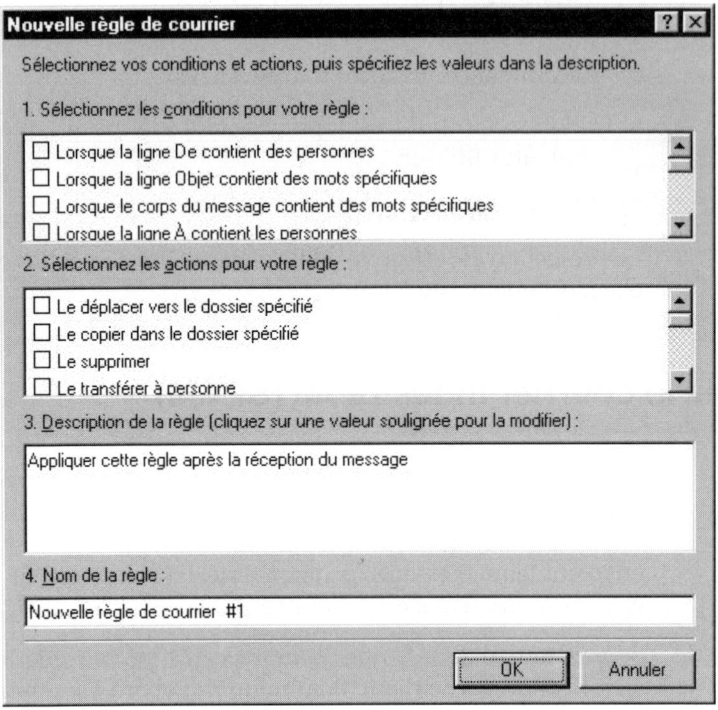

Figure 8.7. Fenêtre servant à déclarer le courrier indésirable.

Vous pouvez ainsi bloquer totalement des messages en fonction de leur provenance, de leur contenu , de leur taille, etc.

Mots clés

U

V

W

Y

Achevé d'imprimer le 10 avril 2001 - sur les presses de l'imprimerie "La Source d'Or" - 63200 Marsat
Dépôt légal : 2ème trimestre 2001 - Imprimeur n° 10091